Alles was ich wissen will
Band 1

Alles was ich wissen will

Fahrzeuge auf Rädern
Wasserfahrzeuge
Flugzeuge
Unsere Erde
Was in der Natur geschieht
Weltraum und Raumfahrt
Sonne, Mond und Sterne
Nahrungsmittel
Alltägliche Gegenstände
Bauen

Ravensburger Buchverlag

Bibliografische Information der Deutschen Nationalbibliothek:

Die Deutsche Nationalbibliothek verzeichnet diese Publikation
in der Deutschen Nationalbibliografie.
Detaillierte bibliografische Daten sind im Internet
über *http://dnb.d-nb.de* abrufbar.

1 2 3 4 5   13 12 11 10 09

Titel der Originalausgaben:
Transport Explainers
First Guide to the Universe
Finding Out About Everyday Things
Where Things Come From
Übersetzung: Maria Rosken, Marion Schulz und Hildegard Leiska

© 1989 by Usborne Publishing Ltd., London
© 2009 by Ravensburger Buchverlag Otto Maier GmbH
Alle Rechte der deutschen Bearbeitung liegen beim
Ravensburger Buchverlag
Printed in Germany

ISBN 978-3-473-55263-4

www.ravensburger.de

Inhalt

Fahrzeuge auf Rädern

Woraus ein Auto besteht 10
So funktioniert der Motor 12
Unterwegs auf vier Rädern 14
Grand-Prix-Rennen 16
Motorsportarten 18
Auf zwei Rädern 20
Züge 22
Wissenswertes 26

Wasserfahrzeuge

Von Schiffen und Booten 28
Dampfschiffe und Dampfboote 30
Passagierschiffe 32
Boote und ihre Motoren 34
Segelschiffe 36
Muskelkraft 38
Frachtschiffe 40
Wassergleiter 42
Unterseeboote 44
Seenotkreuzer 46
Fischerei-Fahrzeuge 47
Wissenswertes 48

Flugzeuge

Alles über Luftfahrzeuge 50
So fliegt ein Flugzeug 52
Verkehrsflugzeuge 54
Triebwerke 56
Auf dem Flughafen 58
Hubschrauber 60
Luftfahrzeuge 62
Windkraft 64
Erste Flugversuche 66
Berühmte Flüge 67
Raumfahrt 68
Große und schnelle Flugzeuge 70
Wissenswertes 72

Unsere Erde

Wie es auf der Erde aussieht 74
Wie es im Inneren der Erde aussieht 76
Warum gibt es Berge und Täler? 78
Woher kommt das Wasser? 80
Wie es im Meer aussieht 82
Was in der Luft geschieht 84
Warum gibt es Tag und Nacht? 86
Warum sind nicht alle Tage gleich lang? 88
Klimagebiete auf der Erde 89
Warum ist das Wetter so? 90
Kleine Geschichte unserer Erde 92
Wichtige Begriffe 94

Was in der Natur geschieht

Regen und Regenbogen 96
Blitz und Donner 98
Die Jahreszeiten 100
Vulkane 102
Leben am Erdboden 104
Wie Pflanzen wachsen 106
Bäume 108
Flüsse 110
Leben im Meer 112
Wie lang – wie weit –
   wie hoch? 114
Kleines Natur-Quiz 116

Weltraum und Raumfahrt

Mit Raketenkraft ins All 118
Menschen fliegen zum Mond 120
Was Astronauten anziehen 122
Fahrzeuge für den Weltraum 124
An Bord eines Raumschiffs 126
Forschung im Weltraum 128
Besuch auf den Planeten 130
Die Raumstation 132
Fantastische Reise zu den
   Sternen 134
Wichtige Begriffe 136

Sonne, Mond und Sterne

Unser Sonnensystem 138
Die Sonne – unser nächster
   Stern 140
Unser Nachbar Mond 142
Menschen auf dem Mond 144
Der Planet Merkur 146
Die Venus – der Hitzeplanet 147
Gibt es Leben auf dem Mars? 148
Der Planetoidengürtel 149
Jupiter und Saturn –
   die Riesenplaneten 150
Uranus und Neptun 152
Kometen und Meteoriten 154
Wie lange lebt ein Stern? 156
Ferne Welten 158
Wichtige Begriffe 160

Nahrungsmittel

Ein kurzer Überblick 162
Brot 164
Milch und Eier 166
Butter, Käse und Margarine 168
Obst und Gemüse 170
Fisch 172
Fleisch 174
Zucker und Schokolade 176
Müsli und Cornflakes 178
Nudeln 179
Reis 180
Getränke 182
Wissenswertes und Rekorde 184

Alltägliche Gegenstände

Ein kurzer Überblick 186
Schuhe aus Leder 188
Tonwaren 190
Pullover aus Wolle 192
Baumwollgarne 194
Papier 196
Flaschen aus Glas 198
Konserven- und Getränkedosen 200
LEGO-Steine 202
Seife 204
Bleistifte, Farbe, Klebeband
 und Zahnpasta 206
Wissenswertes und Rekorde 208

Bauen

Ein kurzer Überblick 210
Steinhäuser 212
Wolkenkratzer 216
Straßen 218
Brücken 220
Hängebrücken 222
Staudämme 224
Tunnel 226
Bohrinseln 228
Kleines ABC der Baustoffe 230
Wissenswertes und Rekorde 232

Register 233

Fahrzeuge auf Rädern

Autos, Fahrräder und Züge gehören zum täglichen Leben. Wie aber funktionieren Motoren und Bremsen? Wann wurden die ersten Räder gebaut? Was bedeutet Allradantrieb? Kurze Erklärungen geben dir Antworten auf deine Fragen.

Woraus ein Auto besteht

In der Autofabrik sind alle zum Zusammenbau benötigten Teile der Reihe nach angeordnet. Das Auto wird auf einem Fließband weiterbewegt und mit den jeweiligen Teilen versehen. Das nennt man Fließbandmontage. Ist das Auto komplett, kommt es auf den Prüfstand und wird auf Mängel getestet.

An dicken Stahlträgern wird die Karosserie auf das Fahrgestell hintergelassen.

Das Fahrgestell

Motor, Kupplung, Getriebe, Antriebswelle, Achsen und Federung werden auf dem Fahrgestell montiert. Dieses Auto hat Hinterradantrieb. Es gibt auch Autos mit Vorderrad- oder Allradantrieb.

Besonders heute wird der Motor meist vorne im Auto montiert.

Hier verbindet die Antriebswelle Motor und Getriebe mit der Hinterachse.

Stoßstange

Kühler

Motor

Schaltknüppel

Getriebe

Kupplung

Kupplung und Getriebe sind nötig, damit ein Auto mit unterschiedlichen Geschwindigkeiten und auch rückwärts fahren kann.

Lampen

So funktioniert der Motor

Der Motor eines Autos hat eine Reihe beweglicher Teile, die immer gut geschmiert sein müssen, damit sie funktionieren. Automotoren werden mit einem Benzin-Luft-Gemisch (oder Diesel) betrieben, das in den Zylindern durch die Zündkerzen zur Explosion gebracht wird. Wird der Motor angelassen, bewegen sich in den Zylindern die Kolben auf und ab. Diese Bewegung wird auf die Kurbelwelle übertragen. Die Kurbelwelle wiederum dreht die Antriebswelle und damit die Räder.

Der Vergaser
Im Vergaser wird Benzin mit Luft gemischt. Einströmende Luft zerstäubt das Benzin in winzig kleine Tröpfchen, die mit bloßem Auge nicht zu erkennen sind. Es entsteht das sogenannte Gemisch. Dieses Gemisch gelangt in den Zylinder.

1. Wenn sich der Kolben nach unten bewegt, wird oben das Gemisch in den Zylinder gesaugt.

2. Der Kolben bewegt sich nach oben und presst das Gemisch im Zylinder zusammen.

3. Ein elektrischer Funke aus der Zündkerze entzündet das Gemisch. Es explodiert und drückt den Kolben nach unten.

4. Wenn sich der Kolben wieder nach oben bewegt, werden die Abgase durch das Auspuffrohr abgeleitet.

Bei heutigen Autos ist in der Auspuffanlage ein Katalysator eingebaut. So verringert sich die Menge schädlicher Abgase.

Differenzial

Die Kolben, die sich auf und ab bewegen, drehen über die Pleuelstangen und die Kurbelwelle die Antriebswelle.

Auspuff

Dieser Motor hat 4 Zylinder. Stärkere Motoren haben 6, 8 oder 12 Zylinder.

Der Hinterradantrieb*

Am Ende der Antriebswelle befindet sich ein Zahnrad, das mit dem größeren Zahnrad der Hinterachse verbunden ist.

Zahnrad

Antriebswelle

Hinterachse

Die Zähne des kleineren Zahnrads greifen in die des größeren Zahnrads und bringen es zum Drehen. So setzt die Motorkraft Hinterachse und Hinterräder in Bewegung.

Kraft durch Kolben

Der Kolben im Zylinder funktioniert wie eine Kanonenkugel. Wenn das Schießpulver gezündet wird, explodiert es. Heiße Gase drücken die Kugel aus dem Rohr heraus.

Wassergekühlte Motoren

Der Kühler ist ein Wasserbehälter aus Metall. Eine Pumpe spült ständig Wasser um den Motor, damit er nicht zu heiß wird.

Das Gebläse sorgt für zusätzliche Luftzufuhr.

Kühler

Hier fließt heißes Wasser zurück.

Hier wird kühle Luft zugeführt.

Kaltes Wasser wird um den Motor geleitet.

Zylinder

Motor

* Dieses Bild ist stark vereinfacht. In Wirklichkeit gibt es mehrere Zahnräder an dieser Stelle (dem Differenzial), damit sich die Hinterräder bei einer Kurvenfahrt unterschiedlich schnell drehen können.

Unterwegs auf vier Rädern

Hier erfährst du, wie Kupplung und Gänge ein unterschiedliches Tempo ermöglichen und wie die Bremsen funktionieren.

Was sind Gänge?
Gänge sind Zahnräder, die ineinander greifen und sich je nach Anzahl der Zähne verschieden schnell drehen.

Gang mit 10 Zacken

Der kleinere Gang dreht sich doppelt so schnell wie der größere.

Gang mit 20 Zacken

Schaltknüppel

Getriebe

Bremspedal

Viele Autos haben fünf Vorwärtsgänge und einen Rückwärtsgang. Manche Lastkraftwagen haben bis zu 16 Gänge.

So funktioniert das Getriebe
Der Motor dreht die oberen Zahnräder des Getriebes. Diese bewegen die untere Reihe und übertragen so die Kraft auf die Räder.

Viele Autos haben Trommelbremsen an den Hinterrädern.

Gut geschaltet
Beim Anfahren legt der Fahrer den ersten Gang ein. Um ein Auto in Bewegung zu setzen, ist viel Energie nötig.

Im zweiten und dritten Gang beschleunigt man das Tempo.

Im vierten Gang wird schnell und in gleichmäßigem Tempo gefahren.

Der Rückwärtsgang verändert die Drehbewegung der Räder, sodass man rückwärts fährt.

So funktioniert die Kupplung

Will der Fahrer einen anderen Gang einlegen, tritt er das Kupplungspedal. Dadurch werden die beiden Kupplungsscheiben getrennt. Der Motor treibt die Räder nicht mehr an.

Kupplungspedal

Kupplungsscheiben aneinander (Kupplung in Betrieb)

Kupplungsscheiben getrennt

Bei den Vorderradbremsen handelt es sich meist um Scheibenbremsen.

Das Steuer gut in der Hand

Die Lenkung dieses Autos erfolgt über ein Ritzel und eine Zahnstange, das sogenannte Zahnstangengetriebe.

Zahnstange

Ritzel

Das Ritzel wird durch das Lenkrad gedreht und bewegt die Zahnstange. Diese Bewegung wird dann auf die Räder übertragen.

So funktionieren die Bremsen

Tritt der Fahrer das Bremspedal, so werden die Bremsklötze gegen alle vier Räder gedrückt. Bremsklötze und Räder reiben gegeneinander. Die Räder bewegen sich immer langsamer und kommen schließlich zum Stillstand.

Trommelbremsen
Die Trommelbremse ist innen im Rad befestigt. Werden die Bremsbacken gegen die Trommel gedrückt, kommen die Räder zum Stillstand.

Bremstrommel

Bremsbacken

Scheibenbremsen
Innen im Rad ist eine Stahlscheibe montiert. Die Bremsbacken werden gegen die Scheibe gedrückt. Durch die Reibung werden die Räder angehalten.

Bremsbacken

Stahlscheibe

Grand-Prix-Rennen

Das höchste Ziel beim Motorsport ist ein Sieg in der Formel-1-Weltmeisterschaft. Um diese Meisterschaft kämpfen die Fahrer jedes Jahr viele Monate lang auf Rennstrecken der gesamten Welt. Während der 16 Grand-Prix-Rennen legen sie über 5000 Kilometer zurück. Die Fahrer erhalten Punkte, wenn sie unter den ersten sechs sind, die ins Ziel gelangen. Es gibt zwei Weltmeisterschaften: die Fahrer- und die Automarken-Weltmeisterschaft.

Wagenheber

Mit dem Wagenheber lässt sich der vordere Teil des Autos mit nur einer Bewegung vom Boden heben.

Feuerwehrmann

Rennteam

Boxen-Stopp

Braucht das Auto beim Rennen neue Reifen, fährt der Fahrer an die Boxen. In wenigen Sekunden werden alle Reifen gewechselt.

Wagenheber

Pressluft-Radmutternschlüssel

Mit dem Pressluft-Radmutternschlüssel kann man die Radmuttern schnell und leicht lösen.

Rennreifen

Reifen für trockenes Wetter

Reifen für Regenwetter

Einige der Flaggen, wie sie bei einem Grand-Prix-Rennen benutzt werden:

Abbruch des Rennens

Gefahr, Überholverbot

Boxen-Stopp in der nächsten Runde

Glatte Fahrbahn, Öl oder Schmutz auf der Strecke

Teilnehmer folgt dicht auf und kann überholen

Ende des Rennens

Fahrersitz

Der Sitz ist den Körpermaßen des Fahrers genau angepasst.

Die Motoren sind so stark, dass sie auf 8 km 4,5 Liter Benzin verbrauchen. Der billigste Formel-1-Motor kostet so viel wie sechs Familienautos.

Luft drückt auf die vorderen und hinteren Spoiler und hält das Auto am Boden.

Luft presst den Wagen nach unten.

Heckspoiler

Sicherheit

Der Fahrer trägt zum Schutz seines Gesichts eine feuerfeste Mütze unter dem Helm.

Zwei verschiedene Helmmodelle

Das Auto ist nur 76 cm hoch. Durch seine besonders lange und tiefe Konstruktion bietet es nur wenig Luftwiderstand.

Bremsleitung

In den Helm des Fahrers ist ein Funksprechgerät eingebaut, sodass er während des Rennens mit dem Rennteam Kontakt aufnehmen kann.

Die Hinterreifen sind fast 50 cm breit. Sie sind weich und haften gut, sodass das Auto in der Spur bleibt. So können die Fahrer Kurven mit sehr hoher Geschwindigkeit fahren.

Der Wagen kann in wenigen Sekunden von 290 auf 65 km/h abgebremst werden. Die Bremsen werden beim Rennen sehr erhitzt. Deshalb wird durch Leitungen Luft auf die Bremsen geblasen, um sie kühl zu halten.

Motorsportarten

Es gibt verschiedene Arten von Motorsport. Hier werden drei vorgestellt. Die Autos unterscheiden sich voneinander und werden eigens für die jeweilige Sportart konstruiert.

Sprint-Rennen

Hierbei handelt es sich um einen Geschwindigkeitsvergleich zwischen jeweils zwei Wagen. Gemessen wird auf einer geraden Strecke von 400 m oder 800 m.

Spoiler

Das Rennen

Profilloser Rennreifen (Slick)

Der Fahrer gibt so stark Gas, dass die Hinterräder durchdrehen. Sie erhitzen sich, haften dadurch gut, und der Wagen liegt griffig auf der Straße.

In wenigen Sekunden wird das Auto von 0 auf 160 km/h beschleunigt.

Im Ziel hat das Auto eine Geschwindigkeit von über 300 km/h.

Ein Fallschirm dient zusätzlich zum Bremsen.

 Start

 Ziel

Stock-Car-Rennen

Ein solches Rennen wird fast ausschließlich in England mit alten Serienwagen auf einer ovalen Aschenbahn ausgetragen.

Sicherheit

Überrollbügel
Sicherheitsgurte

Gurte und Überrollbügel dienen dem Schutz des Fahrers, falls sich das Auto überschlägt.

Dragster-Rennen
Die Hinterreifen, sogenannte Slicks, haben kein Profil und bestehen aus sehr weichem Gummi. Die Vorderreifen sind leicht und dünn, ähnlich wie Fahrradreifen.

Der hohe Spoiler hinten sowie der Frontspoiler sorgen dafür, dass das Auto nicht vom Boden abhebt.

Für Menschen, die das Besondere suchen oder einfach nur Spaß haben wollen, gibt es das Sanddünenflitzen. Gefahren wird mit Buggys, die nur aus einer Gestängekarosserie, breiten Reifen und einem Überrollbügel bestehen. Außerdem müssen sie mit einem roten Wimpel an einer 3 Meter langen Peitschenstange ausgerüstet sein. Falls die Flitzer von einer Sanddüne verschüttet werden, finden die Rettungsmannschaften sie so schneller. Gefahren werden diese Rennen an den Stränden Kaliforniens.

Frontspoiler

Rallye-Sport
Rallyes werden oft auf verschneiten Bergstraßen, in schwierigem Gelände oder aber in Wüsten ausgetragen.

Luftfilter *Reservereifen* *Scheinwerfer*
Batterie
Auspuff
Motor *Überrollbügel*

Um keine Strafpunkte zu erzielen, müssen in einer bestimmten Zeit Kontrollstellen angefahren werden.

Jedes Auto ist mit Fahrer und Kopilot besetzt, der die beste Route aussucht und auf die Zeit achtet.

Auf zwei Rädern

Das erste Fahrrad, die sogenannte Laufmaschine, wurde vor über 150 Jahren gebaut. Es hatte keine Pedale. Später brachte man am Vorderrad Pedale an.

Beim Bremsen werden die Bremsbacken gegen das Rad gepresst, es entsteht Reibung, und das Rad kommt zum Stillstand.

Das Hochrad

Aufsteigen war schwieriger als herunterfallen!

Das Hochrad hatte ein sehr großes Vorderrad. Mit einer Umdrehung des Pedals drehte sich auch das Rad einmal ganz herum. So musste man weniger oft in die Pedale treten.

Die ersten Fahrradreifen bestanden aus Vollgummi. Heute verwendet man Luftreifen.

Tritt man in die Pedale, wird die Kette angetrieben, die das Hinterrad in Bewegung setzt.

Motorräder

Das erste Motorrad wurde vor über 120 Jahren gebaut. Es handelte sich um ein Fahrrad, das mit einer Dampfmaschine ausgerüstet war. Heutzutage gibt es die verschiedensten Arten von Motorrädern.

Motorrad-Straßenrennen

Motorräder für Straßenrennen sind die schnellsten. Die Verkleidung macht das Motorrad windschlüpfrig.

Die Pfeile zeigen die Luftströmung beim Fahren. Die Luft streicht über den vorgebeugten Fahrer hinweg.

Seitenwagen-Rennen

Niedrige und stromlinienförmige Bauweise

In den Kurven lehnt sich der Beifahrer weit aus dem Seitenwagen, um das Fahrzeug im Gleichgewicht zu halten.

Gelände-Rennen

Starke Federung

Die dicken Reifen der Motorräder finden auch auf steinigem und schlammigem Boden guten Halt.

Motorrad-Dragster

Breiter Hinterreifen (Slick)

Diese Spezialmaschinen haben sehr starke Motoren. Fast liegend, bietet der Fahrer wenig Luftwiderstand.

Züge

Die ersten Gleisverbindungen wurden vor über 400 Jahren gelegt. Damals zogen Pferde und Ochsen schwere Lasten über die Schienen, die aus Holz bestanden.

Die ersten Lokomotiven wurden mit Dampf betrieben. Heute verwendet man Diesel- oder Elektromotoren. Auf diesen Seiten werden die drei Antriebsarten vorgestellt.

Dampflokomotiven

Typ 4-4-0, Amerika

Im Tender wird Holz für die Feuerung befördert.

Im Funkenfänger werden brennende Teilchen aufgefangen.

Dampfkessel

Glocke

Wie Dampf die Räder antreibt

Durch Verbrennen von Kohle oder Holz wird Wasser im Dampfkessel erhitzt. Es entsteht Dampf, der den Kolben im Zylinder und die Räder bewegt.

Treibräder bringen den Zug in Bewegung.

Die Laufräder sorgen dafür, dass der Zug um Kurven fahren kann.

Der Schienenräumer diente dazu, Tiere und Gegenstände von den Schienen zu räumen.

Elektrische Züge

Züge mit Elektromotoren sind die schnellsten der Welt. Der Strom wird durch Leitungen oberhalb des Zuges oder durch eine Leitung zwischen den Schienen zugeführt.

Der Hikari-Express, Japan

Dieser japanische Zug, sein Spitzname lautet „das Geschoss", erreicht eine Geschwindigkeit von über 210 km/h.

Dieselokomotiven

Intercity 125, England

Dieser Zug hat einen Dieselmotor. Er erzeugt über einen Generator Elektrizität. Sie wird Motoren zugeführt, die wiederum die Räder antreiben und zusätzlich Energie für Heizung und Licht liefern.

Untergrundbahnen

Die Führräder halten den Zug auf den Schienen.

Stahlbalken

Die Metro, die Pariser Untergrundbahn, ist mit Luftreifen ausgerüstet. Züge mit Gummireifen sind schneller und leiser.

Das Fahrgestell

An den Rädern befinden sich Scheibenbremsen.
Fahrgestellrahmen
Motor
Federung

Die Eisenbahnwagen sind auf Fahrgestelle montiert, wie es in der Abbildung zu sehen ist. Sie sind so gebaut, dass ein Zug um Kurven fahren kann.

Moderne Züge

Schnellzüge ermöglichen eine rasche Verbindung von Stadt zu Stadt. Dieser französische TGV (Train à Grande Vitesse, also Schnellzug) erreicht eine mittlere Geschwindigkeit von 260 km/h. Der Geschwindigkeitsrekord des TGV liegt bei einer Geschwindigkeit von 515 km/h.

Lokführerkabine

Vorne und hinten am Zug befindet sich jeweils eine Lokomotive, die den Zug antreibt.

Betonschwellen

Stahlschiene

Elektromotoren treiben die Räder an.

Dem TGV wird durch Oberleitungen Strom zugeführt. Der elektrische Strom wird in die Motoren weitergeleitet, die die Räder antreiben.

Der TGV hat starke Scheibenbremsen. Aus der Höchstgeschwindigkeit kann der Zug innerhalb von 3 km anhalten.

Wissenswertes

Wilhelm Maybach, der Chefkonstrukteur bei Daimler, entwickelte das erste moderne Automobil, einen 35-PS-Rennwagen.

Ferdinand Porsche ist der Vater des Volkswagens. Im Jahr 1946 ging der „Käfer" in Serie.

Das erste Automobil der Welt, von Gottlieb Daimler gebaut, steht im Deutschen Museum in München.

Mercedes wurde am 23. Juni 1092 als Markenzeichen eingetragen. Benannt ist er nach Mercedes Jellinek, deren Vater von Automobilen besessen war.

Der Scheibenwischer ist eine Erfindung der Amerikanerin Mary Anderson. Sie beobachtete, dass Autofahrer immer wieder aussteigen mussten, um die Windschutzscheibe von Regen oder Schnee zu befreien. Das brachte sie auf die Idee, ein automatisches Wischerblatt zu konstruieren.

1983 wurde ein Rekord in sparsamem Benzinverbrauch aufgestellt. Ein speziell konstruiertes Motorrad verbrauchte nur 1 Liter auf 74 Kilometer.

Die erste Harley-Davidson lief 1904 vom Band.

Ein unternehmungslustiger Brite fuhr drei Wochen lang mit einem Motormäher durch England und legte dabei 4882 Kilometer zurück.

Ein Go-Kart kann bis zu 100 km/h schnell fahren.

Feuerwehrautos (Löschfahrzeuge) sind mit Leitern, Sauerstoffflaschen, Scheinwerfern, Brecheisen und vielem anderen für die Brandbekämpfung ausgerüstet.

Die erste deutsche Lokomotive war die „Adler". Sie befuhr die Strecke zwischen Nürnberg und Fürth.

Der Orientexpress ist einer der berühmtesten Züge. Seit 1883 kann man damit von Paris nach Istanbul reisen.

Wasserfahrzeuge

Warum können Schiffe schwimmen?
Wie werden sie angetrieben? Wozu dienen
die verschiedenen Schiffstypen?
Auf diese und mehr Fragen findest du
Antworten.

Von Schiffen und Booten

In diesem Teil erfährst du etwas über verschiedene Schiffe und Boote. Es wird gezeigt, warum sie schwimmen können, wie sie angetrieben werden und wozu sie dienen.

Ein Luftkissenfahrzeug gleitet auf einem Luftpolster über das Wasser.

Frachtschiffe wie dieses befördern Güter von einem Hafen zum anderen.

Motorboot

U-Boot

Schiffe und wozu man sie verwendet

Kreuzfahrtschiffe sind für längere Ferienreisen gebaut.

Auf Kriegsschiffen starten und landen Flugzeuge.

Fähren transportieren Menschen und Fahrzeuge.

Seerettungsfahrzeuge sind so ausgerüstet, dass Menschen gerettet werden können.

Vom Schwimmen und Sinken

Große Holz- oder Stahlboote sind schwer. Beim Schwimmen im Wasser verdrängen sie die Wassermenge, die dem Gewicht des Schiffes entspricht.

Die Auftriebskraft hält das Boot auf dem Wasser. Ein schweres Boot muss hohe Seitenflächen haben, damit möglichst viel Wasser verdrängt werden kann.

Holz ist leichter als Wasser und schwimmt daher gut.

Auch ein schweres Stahlschiff schwimmt auf dem Wasser.

Schiffsrumpf

Der Rumpf eines Schiffes aus Metall ist hohl und wiegt deshalb weniger als ein massives Metallstück derselben Größe.

Die Auftriebskraft des Wassers reicht aus, um ein Schiff über Wasser zu halten.

Knetmasse-Boot

Nimm zwei gleich schwere Klumpen Knete. Rolle den einen zu einem Ball und knete aus dem anderen ein Boot.

Wasserbehälter

Lege beides ins Wasser. Obwohl beide gleich schwer sind, schwimmt nur das Boot, da es größeren Auftrieb erhält.

Volle Kraft voraus!

Mit Paddel, Staken oder Riemen kann man rudern.

Seit Jahrtausenden verwendet man Segel, um die Windkraft zu nutzen.

Heute haben viele Schiffe Dieselmotoren oder Motoren, die über Dampfturbinen laufen.

Bei vielen modernen Unterseebooten werden die Dampfturbinen mit Kernenergie angetrieben.

Dampfschiffe und Dampfboote

Die ersten Maschinen wurden gegen Ende des 18. Jahrhunderts gebaut und mit Dampf angetrieben. Der Dampf bringt die Schaufelräder an beiden Seiten des Schiffes zum Drehen. Sie greifen in das Wasser und bewegen so das Schiff.

Was ist Dampf?

Vorsicht: Dampf ist sehr heiß. Man kann sich daran verbrennen!

Dampf entsteht beim Kochen von Wasser. Aus einem Kessel mit kochendem Wasser schießt Dampf mit Druck heraus. Diese Kraft nutzt man bei Dampfmaschinen.

Dampfschiffe

1819 überquerte erstmals ein Segelschiff mit Dampfmaschine den Atlantik.

Das erste Dampfschiff, das für die 18-tägige Überfahrt nie Segel setzte, war das 1837 gebaute britische Schiff „Sirius".

1. Um das Wasser im Kessel zu erhitzen, wird Kohle verbrannt.

2. Der Dampf wird vom Kessel durch ein Rohr in einen Zylinder geleitet.

3. Sobald Dampf in den ersten Zylinder gelangt, wird der Kolben nach oben gepresst und treibt die Kurbelwelle an.

Die Schaufelräder drehen sich durchs Wasser und bewegen das Schiff vorwärts.

4. Durch ein kleines Ventil entweicht Dampf. Der Kolben fällt wieder nach unten.

5. Gleichzeitig wird der zweite Kolben durch den Dampf nach oben gepresst.

6. Durch die Auf-und-ab-Bewegung der Kolben dreht sich die Kurbelwelle. Sie treibt die Schaufelräder an.

Die Schiffsschraube

Frühe Form der Schiffsschraube

Neuere Form der Schiffsschraube

Um 1840 wurden erstmals Schiffsschrauben gebaut und am Heck der Schiffe (hinten) montiert. Obwohl sie kleiner als Schaufelräder waren, wurden die Schiffe jetzt schneller. Die Schiffsschrauben wurden ebenfalls von Dampfmaschinen über eine Kurbelwelle angetrieben. Der Antrieb funktioniert bei kurzen Schiffsschrauben besser als bei langen.

Wie Schiffsschrauben funktionieren

Eine Schiffsschraube „bohrt" sich durchs Wasser wie ein Korkenzieher durch einen Korken.

Die Flügel der Schraube drehen sich durchs Wasser. Das Wasser wird nach hinten gedrängt und so bewegt sich das Schiff vorwärts.

Dampfturbinen

Turbinenwelle, „Abschnitt" einer Dampfturbine, *Schiffsschraube*, *Flügel*

Wenn der Dampf an den vielen kleinen Flügeln vorbeistreicht, drehen sie sich mit der Turbinenwelle. Und dadurch dreht sich auch die Schraube.

Die „Turbinia" war das erste mit Turbinen betriebene Schiff. Es lief 1897 vom Stapel und hatte drei Turbinen und drei Schrauben.

Passagierschiffe

Früher musste man per Schiff reisen, wollte man nach Übersee. Heute fliegt man meist mit dem Flugzeug. Passagierschiffe nutzt man fast nur für Ferien-Kreuzfahrten. Sie sind wie schwimmende Städte mit Geschäften, Restaurants, Kino und Krankenhaus.

Hier befinden sich Zwinger für die Haustiere der Passagiere.

Hier ist das Theater.

Tennisplatz

Schwimmbad

Jede Schiffsschraube hat sechs Flügel.

Schnellwäscherei

Dies ist der Kontrollraum. Computer errechnen Kurs und Geschwindigkeit des Schiffes.

Dies ist der Turbinenraum, in dem sich die mit Diesel betriebenen Turbinen befinden.

Geschwindigkeitsmessung
Auf See misst man die Geschwindigkeit in Knoten. Die Bezeichnung stammt von früher: Bei der Fahrt rollte sich ein Tau ab, an dem in regelmäßigen Abständen Knoten angebracht waren. Sie wurden innerhalb einer bestimmten Zeitspanne gezählt. Ein Knoten entspricht einer Geschwindigkeit von einer Seemeile pro Stunde. Eine Seemeile unterscheidet sich von einer Landmeile. Sie beträgt 1,6093 km; eine Seemeile = 1,852 km.

Meldungen über Satellit

Seeleute orientieren sich heute an Satelliten. Sie dienen als „künstliche Himmelskörper", senden Funksignale zur Erde, übertragen die genaue Position und übermitteln Meldungen von Bord des Schiffes per Funk und Telefon an Land.

Navigationssatellit

Bodenstation

Das Schiff hat über 900 Kabinen.

Über diese Antenne werden Funksignale von Satelliten empfangen.

In diesen Kabinen ist die Schiffscrew (Mannschaft) untergebracht.

Neben den Matrosen sind Küchenchefs, Stewards, Verkäufer und Ärzte an Bord.

Es gibt vier Speisesäle und mehrere Cafés.

An Bord gibt es auch eine eigene Zeitung. Sie wird hier gedruckt.

Hier befindet sich das Deck für die Autos der Passagiere. Die Autos werden mit einem Lift hinunter- und wieder hinaufbefördert.

Einfach sagenhaft

Die hier abgebildete „Queen Elizabeth" ist 13 Decks („Stockwerke") hoch und länger als drei Fußballfelder.
Sie besitzt 24 Passagierlifte.
Sie hat 9 Dieselmotoren.
Sie hat 68 213 Bruttoregistertonnen/BRT (67 139 Nettoregistertonnen/NRT). Das ist die Wassermenge, die etwa 10 100 Elefanten verdrängen würden.
Von jeder Kabine aus kann man über Satellit telefonieren.

Boote und ihre Motoren

Viele kleine Boote haben einen Motor am Heck. Man nennt sie Außenborder, weil man den Motor vom Boot abmontieren kann. Größere Boote haben stärkere Dieselmotoren, die fest im Boot montiert sind. Sie heißen Innenborder.

Die Motoren sind durch ein Gehäuse geschützt.

Dieses Motorboot hat zwei Dieselmotoren und zwei Schiffsschrauben.

Ruder(-Rad)

Armaturenbrett, auf dem unter anderem Geschwindigkeit und Kraftstoffmenge angezeigt werden.

Deck

Die lange windschnittige Form ermöglicht ein hohes Tempo.

Der Motor
Man bezeichnet Dieselmotoren als Verbrennungsmotoren, weil im Motor Kraftstoff verbrannt wird. Auf der nächsten Seite erfährst du, wie es funktioniert.

Lotsenboote

Mit diesen Booten werden Lotsen zu großen Schiffen gebracht, um sie durch schwieriges und unbekanntes Fahrwasser zu lenken.

Motorjachten

Hierbei handelt es sich meist um größere Boote mit mehreren Kajüten. Man verwendet sie für „Ferien-Seetörns".

Beiboote

Ein Beiboot, wie hier abgebildet, wird von großen Ozeandampfern mitgeführt, um damit Passagiere vom Schiff an Land zu bringen.

Der Dieselmotor

Der Dieselmotor wurde 1897 von Rudolf Diesel erfunden. Der Motor braucht einen bestimmten Kraftstoff, das Dieselöl. Bootsmotoren haben 2 bis 12 Zylinder. Je mehr Zylinder ein Motor hat, umso leistungsfähiger ist er.

Dieser Motor hat 4 Zylinder. Für den Antrieb sind mehrere Vorgänge nötig. Sie werden an jeweils einem Zylinder gezeigt.

Motorboot-Rennen

Solche Motorboote sind für Rennen konstruiert. Die schnellsten haben Düsenantrieb. Ein berühmtes Motorbootrennen ist der Bahama-Motorboot-Grand-Prix. Man benötigte 3 Tage, 8 Stunden und 31 Minuten für diese 5000 km lange Strecke.

Der Motorbootrennsport hat viele Fans. Rennen finden auf dem Meer, auf Flüssen und Seen statt.

1. Durch das Einlassventil gelangt Luft in den Zylinder: Der Kolben bewegt sich nach unten.

2. Das Einlassventil schließt sich: Der Kolben bewegt sich nach oben und presst die Luft zusammen. Dadurch wird sie erhitzt.

3. Die Einspritzdüse spritzt Kraftstoff in die erhitzte Luft: Das Gemisch entzündet sich und presst den Kolben nach unten.

4. Das Auslassventil öffnet sich: Der Kolben presst die Abgase hinaus.

Einspritzdüse, *Einlasskanal*, *Einlassventil*, *Auslassventil*, *Kolben*, *Kurbelwelle*

Die Auf-und-ab-Bewegung der Kolben überträgt sich über die Kurbelwelle auf die Schiffsschraube. Die Flügel pressen das Wasser nach hinten und das Boot bewegt sich voran.

Segelschiffe

Seit Jahrtausenden macht man sich den Wind zunutze, der Boote mit Segeln vorwärts bewegt. Die Segel „fangen" den Wind ein. Die Druck- und Zugwirkung des „eingefangenen" Windes treibt das Boot voran. Die gesamte Segeleinrichtung heißt Takelage.

Die ersten Segel

Schon vor über 5000 Jahren verwandten die Ägypter viereckige Segel.

Tausende von Jahren benutzten die Araber dreieckige Segel (Lateinsegel).

Kleinere Boote haben nur ein Großsegel und ein kleineres, die Fock.

Das Großsegel ist mit dem Baum und dem Mast verbunden.

Die Fock ist ein Zusatzsegel vorn am Boot. Sie hält das Boot besser auf Kurs.

Steuern

Man steuert das Boot mit der Ruderpinne. Die Ruderpinne ist mit dem Ruderblatt verbunden. Mit ihm kann man die Richtung ändern.

Wird die Ruderpinne nach rechts bewegt, fährt das Boot nach links. Bewegt man sie nach links, dreht das Boot nach rechts.

Mit dem Kielschwert hält man das Boot auf Kurs. Es verhindert, dass das Boot seitlich abdriftet, wenn Wind in die Segel fällt.

Der Katamaran

Bei einem Katamaran handelt es sich um ein Doppelrumpfboot. Ein Trimaran hat einen Hauptrumpf und jeweils rechts und links einen kleineren Rumpf. Beide Bootstypen haben weniger Tiefgang als normale Boote. Sie gleiten leicht über das Wasser und sind sehr schnell.

Kreuzen

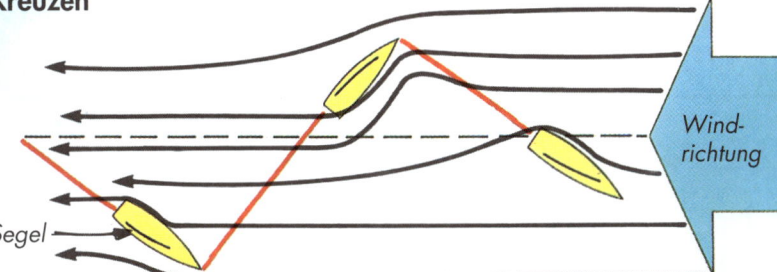

Will der Segler gegen den Wind fahren, muss er einen Zickzackkurs steuern. Das nennt man kreuzen. Nach jedem Kreuzmanöver bläst der Wind schräg von vorne in die Segel und treibt das Boot voran.

Der America's Cup

Beim America's Cup handelt es sich um ein Segeljachtrennen. Es wird alle vier Jahre im Land des jeweils letzten Gewinners ausgetragen.

Siegertrophäe des America's Cup

Segelgeschichte

Chinesisches Segelschiff

Im 9. Jahrhundert bauten die Chinesen Schiffe mit mehreren Masten und aus Bambus geflochtenen Mattensegeln.

Dreimaster

Im 15. Jahrhundert wurden in Europa Dreimastschiffe gebaut. Sie wurden für Forschungsreisen und als Handelsschiffe eingesetzt.

Klipper

Um 1820 wurden schnelle Frachtschiffe, sogenannte Klipper, gebaut.

Muskelkraft

In früheren Zeiten benutzte der Mensch nur seine Hände, um ein Boot voranzutreiben. Später baute man lange Riemen (umgangssprachlich: Ruder). Dadurch, dass man Paddel oder Riemen durchs Wasser zieht, wird das Boot vorwärts bewegt.

Renn-Rudermannschaften trainieren meist mehrere Stunden täglich, um ein gut aufeinander eingespieltes und schnelles Team zu werden.

Der Steuermann gibt der Mannschaft Anweisungen und steuert das Boot.

Steuermann

Dolle

Die Riemen liegen in einer Dolle. Dadurch funktionieren sie wie ein Hebel.

Ruderschiffe

Ägyptisches Schiff

Langschiff der Wikinger

← *Steuerruder*

Griechisches Kriegsschiff

Schon vor 5000 Jahren bewegten die Ägypter ein Schiff durch Rudern voran, wenn kein Wind ging oder der Wind ungünstig stand.

Vor über 800 Jahren bauten die Wikinger lange, schmale Schiffe, die Langschiffe. An jeder Seite saßen bis zu 25 Ruderer an den Riemen.

Im alten Griechenland waren Kriegsschiffe mit mehreren Ruderreihen besetzt. Die Sitze waren versetzt übereinander angeordnet.

Immer schneller

Schließlich kam man darauf, dass die Länge der Riemen entscheidend war. Ein Ruderschlag mit einem langen Riemen bewegt das Boot weiter voran als ein Schlag mit einem kurzen Riemen.

Kurzer Ruderschlag

Langer Ruderschlag

Ungewöhnliche Boote

Gondel

Gondeln verkehren auf den Kanälen der italienischen Stadt Venedig. Der Gondoliere steht hinten in der Gondel und bewegt sie mit einem langen Riemen voran.

Stocherkahn
(flach, ohne Kiel)

Die flach gehenden, viereckigen Flussboote bewegt man mit Staken.

Boot aus Schilf

In manchen Ländern, wie in Peru, verwendet man auch heute noch Boote aus Schilf.

Kanufahren

Paddel mit Ruderblatt an jedem Ende

In manchen Regionen wie in Alaska benutzt man heute noch Kanus zum Fischfang oder Transport. Bei uns werden Kanus im Sport verwendet, zum Beispiel für Wildwasserslalom. Die Teilnehmer müssen auf einem Wildwasserfluss einen Zickzackkurs fahren.

Öltanker

Für die Riesentanker, die Öl befördern, sind in den meisten Häfen die Docks, auch Piers genannt, zu klein. Also wird das Öl an den Piers der Häfen gelöscht (= ausgeladen).

Öltank

Kursänderung

Ein Tanker ist wegen seiner Größe schwer zu manövrieren. Der Kapitän muss mögliche Gefahren erkennen können, lange bevor sie in Sicht sind. Dazu benutzt man computergesteuerte Radarsignale.

Manche Schiffe sind so groß, dass man mit ihnen ohne Hilfe keinen Hafen anlaufen kann. Schlepper ziehen sie in den Hafen zur Pier und wieder hinaus.

Radarsignale

Tanker senden Radarsignale aus. Radarwellen strahlen geradlinig aus, bis sie auf einen Gegenstand treffen.

Aus den zurückgeworfenen Signalen errechnet der Schiffscomputer den Kurs und wie schnell das Schiff fahren muss.

Der japanische Tanker „Shin Aitoku Maru" hat spezielle Metallsegel. Ein Computer berechnet, wie die Segel stehen müssen, um den Wind bestmöglich zu nutzen.

Wassergleiter

Das Luftkissenfahrzeug kann auf einem Luftpolster über Land und über Wasser gleiten. Man bezeichnet es auch als Hovercraft. Es gibt noch zwei weitere Fahrzeugtypen, die über das Wasser gleiten können, nämlich das Tragflächenboot und das Düsen-Tragflügelboot. Mehr darüber erfährst du auf der folgenden Seite.

Das Luftkissenfahrzeug

Die Luftschrauben drehen sich und setzen das Boot in Bewegung.

Luftschrauben

Auf Luft gleiten

Joghurtbecher
Luft
Styroporplatte

Um zu sehen, wie ein Luftkissenfahrzeug funktioniert, schneide den Boden aus dem Joghurtbecher aus. Schneide dann aus der Styroporplatte ein Loch aus, in das der Becher hineinpasst. Bläst du nun in den Becher, schwebt die Platte auf dem entstehenden Luftpolster.

Wie man ein Luftkissenfahrzeug steuert

Die Luftschrauben drehen sich und treiben das Fahrzeug an, und mit den Rudern kann man die Richtung ändern.

Ein Luftkissenfahrzeug fährt auch bei rauer See ruhig, da der „Wulst" um das Boot beweglich ist und so die Druckluft verteilt.

Ruder

Dampfturbine

Eine Luftdüse unter jeder Luftschraube saugt Luft in das Luftkissen. Die Luftdüsen und -schrauben werden mit Gas- oder Dampfturbinen betrieben.

Anlegen

Beim Anlegen werden die Motoren und somit die Luftzufuhr in den Schlauch gestoppt. Das Fahrzeug senkt sich ab und bleibt stehen.

Das Tragflügelboot (Tragflächenboot)

hat unter Wasser flügelartig geformte Metallblätter. Gewinnt das Boot an Geschwindigkeit, hebt sich der Rumpf aus dem Wasser.
Die Oberfläche der Schwimmkörper ist glatt. Dadurch fließt das Wasser schnell darüber. Die Tragflächen gleiten nach oben und heben den Bootsrumpf aus dem Wasser.

Manche Tragflügelboote sind mit v-förmigen Tragflügeln ausgerüstet.

Die Tragflügel und Schwimmkörper sind beweglich und können je nach Wellengang verstellt werden.

Das Düsen-Tragflügelboot

Das Düsen-Tragflügelboot, eine abgewandelte Form des normalen Tragflügelbootes, wird von zwei Wasserdüsen angetrieben.

Strömung des Wassers

Unterseeboote

U-Boote fahren unter Wasser. Sie haben Dieselmotoren, Elektromotoren oder mit Kernenergie betriebene Turbinen. Kernenergiebetriebene U-Boote wie dieses haben einen „runderen" Rumpf als solche mit Dieselmotoren. Sie können jahrelang ohne erneute Energiezufuhr in Betrieb sein und bis zu zwei Jahre ununterbrochen unter Wasser bleiben.

Schraube:
Die Schraube setzt das Boot in Bewegung.

Tiefenruder:
Ein U-Boot hat vier Tiefenruder, zwei vorn und zwei hinten. Damit kann das Boot unter Wasser auf bestimmte Tiefen gehen oder die Tauchtiefe verändern.

Mit Kernenergie betriebene Dampfturbinen

U-Boote haben zwei Wände. Zwischen ihnen befinden sich Tauchzellen, die beim Tauchen mit Wasser geflutet werden.

Das Sonargerät
Mithilfe des Sonargeräts, das Schall misst, kann man die Position anderer Schiffe oder U-Boote herausfinden. Es gibt zwei verschiedene Arten, Sonar einzusetzen.

Sonar aussenden
Das U-Boot sendet Schallwellen aus. Treffen sie auf einen Gegenstand, erklingt ein Summton. Das Echo schallt zurück zum U-Boot.

Sonar empfangen
Mit Sonargeräten werden leiseste Töne aufgefangen und ausgewertet. Das U-Boot fährt fast geräuschlos, sodass es schwer zu entdecken ist.

The Turtle

Das erste U-Boot wurde von einem Amerikaner gegen Ende des 18. Jahrhunderts gebaut. Es war eiförmig und besaß keine Motoren.

Nautilus

Im Jahr 1958 erreichte als erstes Seefahrzeug das amerikanische U-Boot „Nautilus" den Nordpol. Es fuhr unter dem Eis entlang.

Bathyskaph

Dieses kleine Tiefseeboot wurde 1953 von Auguste Piccard entwickelt und diente vor allem Forschungszwecken in der Tiefsee.

Seenotkreuzer

Bei schlechtem Wetter kommt es auf See häufiger zu Schiffsunfällen. Seenotkreuzer sind so gebaut, dass sie auch bei Sturm und hohem Seegang auslaufen können. Die Schiffsbesatzung ist geschult, Menschen aus Seenot zu retten.

Wasser abweisende, wattierte Öljacken dienen als Wärmeschutz. Sie haben eine grelle Farbe, damit man sie sieht.

Die luftgefüllte Schwimmweste soll verhindern, dass man untergeht.

Mütze und Kapuze

Wasser abweisende Hosen

Schlauchboote

In Küstennähe setzt man zur Rettung Schiffbrüchiger spezielle Schlauchboote ein.

Der Kiel immer unten!

1 2 Deckaufbau Der Deckaufbau hat wasserdichte Schotten. 3

Kentert ein Seenotkreuzer, so richtet er sich in Sekundenschnelle von selbst wieder auf. Ein Seenotkreuzer sinkt nicht, weil sich im Deckaufbau (oben) Luft befindet. Das Gewicht der schweren Motoren unten im Boot zieht den Rumpf zurück ins Wasser. Das Boot richtet sich wieder auf.

Fischerei-Fahrzeuge

Fischerei-Boote, auch Kutter oder Trawler genannt, sind mit sehr großen Netzen, Schleppnetzen, ausgerüstet. Bei dem hier gezeigten Netz handelt es sich um ein Beutelnetz. Es umschließt die Fische, wird mit einem Tau beigeholt und mit einer Winde an Bord gehievt.

Fischkutter mit Beutelnetz

Hecktrawler — Mechanische Winde

Bei diesen Kuttern wird das Netz mit einer am Heck befindlichen mechanischen Winde an Bord gezogen.

Fisch an Bord
Ist der Fisch an Bord, wird er in Behältern mit Eis oder in großen Kühlräumen aufbewahrt. Schiffe mit Kühlräumen können lange auf See bleiben, ohne dass der Fang verdirbt. Große Fischerei-Schiffe haben eine eigene „Fischfabrik" an Bord. Siehe dazu die Spalte rechts.

Fischfabrik auf See

Auf Fabrikschiffen kann der Fisch noch auf See gesäubert und zum Verkauf vorbereitet werden.

Die Fische werden über dicke Rohre auf große, viereckige Bleche befördert. Hier werden sie verkaufsfertig gemacht.

Ein Teil der vorbereiteten Fische wird in Fässern gelagert. Der übrige Fang wird tiefgefroren und verpackt.

Wissenswertes

Eisbrecher schieben sich mit einem verstärkten Bug auf die Eisschollen. Das Gewicht des Schiffes bricht einen Kanal durch die Eisdecke. Die größten Eisbrecher werden von Russland eingesetzt.

Der Kompass wurde um 1100 n. Chr. von italienischen und chinesischen Seefahrern benutzt. Sie entdeckten, dass eine frei aufgehängte oder schwimmende magnetische Nadel immer nach Norden zeigt.

Das größte Passagierschiff aller Zeiten ist die „Oasis of the Seas". Sie fasst 5400 Passagiere und hat ein Volumen von 220 000 Bruttoregistertonnen.

Lange vor Christoph Kolumbus erreichten die Wikinger im Jahr 1000 die Küste von Nordamerika.

Der Engländer Mike Golding segelte in 167 Tagen um die Welt.

Berühmte Schiffe

Die „Santa Maria" war das Flaggschiff von Christoph Kolumbus, als er auf seiner Entdeckungsreise im Jahr 1492 in der Karibik landete.

Mit der „Mayflower" segelten im Jahr 1620 100 Puritaner von England nach Nordamerika, wo sie die erste europäische Kolonie gründeten.

Die Kon-Tiki war ein Floß aus Balsaholz, mit dem der Norweger Thor Heyerdal 1947 von Peru zu den Polynesischen Inseln segelte.

Das größte Segelschiff war die „France". Sie war 127,7 Meter lang.

Schiffsunglücke

1912 stieß die „Titanic" mit einem Eisberg zusammen und sank. 1500 Menschen starben.

1945 wurde die „Wilhelm Gustloff" torpediert. Mehr als 7000 Menschen ertranken.

1994 sank das Fährschiff „Esotonia" wegen einer defekten Bugklappe. Rund 900 Menschen ertranken.

1967 verursachte der Öltanker „Torrey Canyon" im Ärmelkanal die erste große Ölpest.

1989 verursache der Öltanker „Exxon Valdez" eine riesige Umweltkatastrophe. 40 000 Tonnen Öl liefen aus.

1999 strandete der Öltanker „Erika" vor der bretonischen Küste. Dabei liefen 25 000 Tonnen Öl aus und verseuchten die Küste.

2002 ereignete sich vor der spanischen Atlantikküste die bisher größte Umweltkatastrophe. Die „Prestige" verschmutzte über 2000 Kilometer Strand von Spanien und Frankreich. Dabei liefen insgesamt 77 000 Tonnen Öl aus.

Flugzeuge

Alles über die verschiedenen Luftfahrzeuge,
wie sie fliegen und wie sie angetrieben werden.
Wer unternahm die ersten Flugversuche?
Es wird erklärt, wie Flugzeuge landen und starten und
welche die größten und schnellsten Flugzeuge sind.

Alles über Luftfahrzeuge

Dieser Teil handelt von den verschiedensten Luftfahrzeugen. Es wird erklärt, wie sie fliegen und womit sie angetrieben werden. Zudem wird gezeigt, wie es auf einem Flughafen zugeht und wie Flugzeuge starten und landen. Außerdem kannst du einiges über Raumfahrzeuge erfahren.

Ein Hubschrauber kann in der Luft auf der Stelle stehen.

Doppeldecker

Ballon

Rakete

Flugzeug

Antriebsarten

Ein Segelflugzeug hält sich nur bei aufsteigenden Luftströmungen in der Luft.

Dank leistungsstarker Turbinentriebwerke werden Flugzeuge über 900 km/h schnell.

Raketenmotoren treiben Raketen mit sehr hoher Geschwindigkeit ins All.

Dieses Flugzeug arbeitet mit Sonnenenergie.

Bestandteile eines Flugzeugs

Die beweglichen Teile an den Tragflächen und am Rumpfende eines Flugzeugs sind die Quer-, Höhen- und Seitenruder sowie die Lande- und Bremsklappen. Mit ihnen wird das Flugzeug in eine bestimmte Richtung gesteuert. Die Landeklappen und Bremsklappen werden beim Starten und Landen benötigt.

Mit dem Seitenruder wird das Flugzeug nach links oder rechts bewegt.

Diese Landeklappen an den Tragflächen werden bei Start und Landung ausgefahren.

Die Querruder an der Flügelhinterkante können gekippt werden, sodass das Flugzeug einen Bogen fliegt.

Leitwerk

Höhenleitwerk

Die Bremsklappen befinden sich auf den Tragflächen. Werden sie hochgestellt, wird das Flugzeug langsamer und sinkt.

Tragfläche (Flügel)

Flugzeugrumpf

Cockpit

Nase

Einstiegstür

Die Höhenruder werden nach oben oder unten bewegt, um die Flughöhe eines Flugzeugs zu verändern.

Bugräder

Triebwerk

Hauptfahrwerk

Im Einsatz

Heutzutage reisen viele Menschen mit dem Flugzeug.

Drachenfliegen ist ein beliebter Sport.

Luftschiffe werden manchmal zu Werbezwecken genutzt.

Satelliten im All dienen als Wettersatelliten oder auch als Fernsehsatelliten.

So fliegt ein Flugzeug

Wie hebt ein Flugzeug vom Boden ab? Dazu muss man etwas über Luft wissen. Wir werden ständig von Luft umströmt. Sie bildet Widerstand und hat ein bestimmtes Gewicht. Das spürt man, wenn einem Wind ins Gesicht bläst. Ein Flugzeug bleibt in der Luft, weil Luft an den Tragflächen entlangstreicht.

Flügel-Versuch

Halte einen dünnen Papierstreifen an die Lippen und blase kräftig ganz knapp über die Oberfläche. Der Streifen steigt, weil oben ein Sog und unten Überdruck entsteht.

Die Tragfläche

Die Tragflächen sind oben gewölbt und unten flach. So strömt Luft schneller über die Oberfläche. Der höhere Druck von unten treibt die Flügel aufwärts.

Kräfte beim Fliegen

Vier Kräfte werden wirksam, nämlich Auftrieb, Eigengewicht, Schubkraft und Luftwiderstand.

Auftrieb

Luft strömt über die Oberfläche der Tragflächen und drückt von unten, sodass das Flugzeug nach oben bewegt wird.

Luftwiderstand

Die Kraft, die während des Fluges gegen das Flugzeug wirksam wird, nennt man Luftwiderstand.

Schubkraft

Der Propeller „zieht" das Flugzeug vorwärts. Diese Kraft nennt man Schubkraft.

Eigengewicht

Das Eigengewicht zieht das Flugzeug nach unten und wirkt dem Auftrieb entgegen.

Wie Flugzeuge gesteuert werden

Ein Flugzeug muss Kurven nach rechts und links fliegen sowie auf- und absteigen können. Es hat Klappen, die Höhen- und Steuerruder, am Tragflächenleitwerk. Dazu bedient der Pilot bestimmte Steuervorrichtungen.

Höhensteuerung

Werden die Höhenruder des Höhenleitwerks nach oben bewegt, steigt das Flugzeug; werden sie nach unten bewegt, sinkt es.

Seitensteuerung

Das Seitenruder dient zum Wenden des Flugzeugs nach rechts oder links. Es wird zusammen mit dem Querruder bedient.

„Rollen"

Werden die Querruder der Tragflächen nach oben und unten bewegt, fliegt das Flugzeug in Drehbewegungen um die Längsachse Kurven.

Verkehrsflugzeuge

Mit großen Flugzeugen wie der Boeing 747 werden bis zu 500 Personen befördert. Dieser Jumbojet erreicht eine Geschwindigkeit von fast 1000 km/h, eine Höhe von 15 000 m und kann ohne nachzutanken ungefähr 10 400 km zurücklegen.

Einzelteile
Eine Boeing 747 besteht aus über 4,5 Million Einzelteilen.

Boeing 747

Die 747 fasst 500 Passagiere, befördert aber normalerweise 400, um den Fluggästen genügend Platz zu bieten.

Seitenruder
Höhenruder
Rumpf
Rumpfzelle
Hauptfahrwerk
Landeklappen
Strahltriebwerk

Cargo 747

Diese 747 befördert ausschließlich Güter. Die Nase wird hochgeklappt, sodass vorn große Fracht eingeladen werden kann. Die Cargo 747 kann bis zu 130 Tonnen laden.

Querruder

Kraftstofftank in den Flügeln

Bremsklappen

Die Boeing 747 hat eine Spannweite von ungefähr 60 m, ist über 70 m lang und fast 20 m hoch. Sie ist ein Großraumflugzeug. In einer Sitzreihe sind 10 Sitzplätze. Mitsamt Passagieren und Fracht wiegt die Boeing 747 ungefähr 400 Tonnen.

Cockpit

Einstiegstür
Bordküche
Aufgang zur ersten Klasse
Bugräder

Triebwerke und Kraftstoff
Die Boeing 747 hat vier Triebwerke, jeweils zwei unterhalb jeder Tragfläche. Die Triebwerke benötigen besonderen Kraftstoff, der sich in Tanks in den Tragflächen befindet.

Reifen
Flugzeugreifen sind mit einem besonderen Gas, dem Stickstoff, gefüllt. Beim Landen werden die Bremsen und Reifen sehr heiß. Wären die Reifen mit Luft gefüllt, würden sie platzen.

Flügelformen
Flugzeuge haben unterschiedlich geformte Flügel. Die Form ist für die Geschwindigkeit eines Flugzeugs entscheidend.

Pfeilflügel

Die meisten Passagierflugzeuge haben Pfeilflügel. Sie ermöglichen eine höhere Geschwindigkeit.

Gerade Flügel

Kleine, leichte Flugzeuge haben gerade, dicke Flügel. Sie fliegen langsamer und nur kürzere Strecken.

Segelflugzeuge gleiten auf bis zu 25 Meter langen geraden Flügeln auf einer Thermik (Warmluft).

Sogenannte Doppeldecker hatten zur Stabilisierung zwei gerade Flügel übereinander.

Triebwerke

Alle modernen Passagierflugzeuge haben Turbinentriebwerke. Die ersten Flugzeuge hatten wie Autos Kolbenmotore, liefen mit Benzin und der Motor trieb einen Propeller an, der das Flugzeug durch die Luft voranbewegte. Ein Turbinentriebwerk saugt vorn Luft an und stößt hinten Abgase aus.

Der Düsen-Luftballon

Blase einen Luftballon auf und halte ihn am Mundstück zu. Die Luft will nach allen Seiten entweichen. Beim Loslassen strömt die Luft aus, der Ballon saust davon.

Das Turbinenwerk

Ein Turbinentriebwerk verbrennt Kerosin. Die heißen Gase treiben die Turbinen unter hohem Druck an, werden durch die Schubdüse ausgestoßen und bewegen so das Flugzeug voran.

Kompressor

Der Kompressor besteht aus vielen Flügelblättern. Sie drehen sich sehr schnell, saugen so Luft an und versorgen das Triebwerk mit verdichteter Luft.

Das erste Düsenflugzeug

Die Heinkel HE 178 wurde 1939 von Ernst Heinkel gebaut. Sie war das erste Flugzeug mit Düsentriebwerk.

1. Wird das Triebwerk angeschaltet, drehen sich die Flügelblätter sehr schnell und saugen Luft in das Triebwerk.

2. Die heiße, verdichtete Luft strömt in die Brennkammer.

Brennkammer
In diese Luft wird Kerosin eingespritzt und entzündet sich: Heiße Gase und hoher Druck entstehen.

Turbine
Der hohe Druck bringt die Turbinen zum Drehen. Die Turbine treibt den Kompressor an, der weiter Luft ansaugt und das Triebwerk am Laufen hält.

Schubdüse
Durch die Schubdüse werden die Abgase ausgestoßen.

3. Kerosin wird in die Brennkammer gespritzt und bildet mit der Luft ein Gemisch. Das Gemisch wird entzündet, explodiert und bildet heiße Gase und hohen Druck.

4. Der hohe Druck treibt eine Turbinenwelle an, die Gase treten durch die Schubdüse aus.

Verschiedene Triebwerke
In den Abbildungen unten siehst du 4 verschiedene Triebwerksarten, die jeweils unterschiedliche Flugzeugtypen antreiben.

Turbostrahltriebwerk
Das Turbostrahltriebwerk verursacht sehr viel Lärm, weil die Abgase unter sehr hohem Druck aus der Schubdüse ausgestoßen werden.

Fantriebwerk
Jumbojets haben Fantriebwerke. Sie sind leiser und verbrauchen weniger Kraftstoff als Turbostrahltriebwerke. Ein Fantriebwerk hat zwei Kompressoren, wobei der vordere zugleich als Propeller dient.

Turbopropellertriebwerk
Es bringt die Propeller zum Drehen, die wiederum das Flugzeug antreiben. Nur langsamere Flugzeuge werden so ausgerüstet.

Gasturbinentriebwerk
Hubschrauber haben meist Gasturbinen, die sowohl die Rotoren als auch die Heckrotoren antreiben.

Auf dem Flughafen

Viele internationale Flughäfen sind so groß wie eine Kleinstadt. Tausende von Menschen arbeiten dort in Läden, Restaurants, als Gepäckträger, Reinigungspersonal, Ingenieure und Zollbeamte.

Kontrollturm
Vom Kontrollturm aus werden die Start- und Landebahnen überblickt. Fluglotsen dirigieren Flugzeuge beim Starten, Landen und auf dem Vorfeld.

Auf dem Vorfeld vor dem Flughafenterminal werden die Flugzeuge be- und entladen und frisch aufgetankt.

Abfertigungshalle

Gepäckwagen

Hier wird Gepäck auf einen Gepäckwagen geladen.

Abfertigungshalle
Hier müssen sich die Passagiere für den Flug einchecken und das Gepäck aufgeben.

Das Flugzeug wird von einem Tankwagen aus wieder aufgetankt.

Bodenpersonal
Sobald ein Flugzeug gelandet ist, macht das Bodenpersonal das Flugzeug für den nächsten Flug startklar.

Landen
Vor der Landung kündigen die Piloten über Funk ihr Eintreffen an. Sie erhalten vom Fluglotsen Landeerlaubnis.

Warteschleifen

Treffen mehrere Flugzeuge zugleich zur Landung ein, müssen sie Warteschleifen ziehen. Dabei fliegen sie in einem Abstand von ungefähr 300 m übereinander.

Rollbahn

Start- und Landebahn

Start
Vor dem Start gibt der Pilot zum Kontrollturm (Tower) den Flugplan durch.

Die Rollbahnen sind gut sichtbar mit Linien markiert. Sie zeigen dem Piloten genau an, wohin er das Flugzeug manövrieren muss, während er zur Startbahn rollt.

Start- und Landebahn

Bei Nacht dienen helle Lichter und weiße Markierungslinien den Piloten zur Orientierung.

Der Flugplan
Der Flugplan enthält den Zielort des Flugzeugs und genaue Angaben über Flughöhe und -geschwindigkeit.

Hubschrauber

Hubschrauber können senkrecht auf einer kleinen Fläche starten und landen. Sie können in der Luft stehen, vorwärts, rückwärts und seitwärts fliegen. Die Rotorblätter eines Hubschraubers sind flügelförmig wie die Tragflächen eines Flugzeugs. Schnelles Drehen der Rotorblätter hebt den Hubschrauber vom Boden ab.

Rotorblätter

Turbine

Der schwenkbare Rotorkopf und drehbare Rotorblätter ermöglichen die Richtungsänderung.

Mit den Steuerpedalen wird der Heckrotor angesteuert.

Kufen

In der Luft

Stehend

Ein Hubschrauber bleibt in der Luft stehen, wenn sich die Rotorblätter sehr schnell drehen und nicht geneigt sind.

Vorwärts

Der Pilot senkt die Rotorblätter nach vorn. Die Luft wird nach hinten gepresst, der Hubschrauber fliegt vorwärts.

Rückwärts

Um rückwärts zu fliegen, senkt der Pilot die Rotorblätter nach hinten. Luft wird nach hinten angesaugt und nach vorn gepresst.

Mit dem Heckrotor wird seitwärts gesteuert.

Senkrechtstarter

Die Klappen zeigen beim Starten und Landen nach unten.

Die Klappen zeigen im Flug nach hinten.

Luftklappen

Die Harrier kann ebenfalls senkrecht starten und landen. Das Triebwerk presst die Abgase durch Luftklappen hinaus. Beim Start zeigen die Klappen nach unten. Der nach unten ausgestoßene Schub liefert dem Flugzeug die nötige Hubkraft. Dann werden die Klappen gedreht. Dadurch werden die Abgase nach hinten ausgestoßen.

Hubschrauber im Einsatz

Seenot-Rettungs-hubschrauber

Lastenhubschrauber

Unkrautvernichtung per Hubschrauber

Personenbeförderung per Hubschrauber

Mit Hubschraubern werden Menschen aus Seenot gerettet. An starken Stahlseilen werden Rettungskörbe zu Wasser gelassen.

Unkrautvernichtungsmittel werden bei großen Anbauflächen vom Hubschrauber aus gespritzt.

Dieser Hubschrauber transportiert ein schweres Bauteil zu einer Baustelle, die anders nicht zu erreichen wäre.

Per Hubschrauber werden Arbeiter auf die Bohrinseln gebracht. Bohrinseln haben Landeplätze für Hubschrauber.

Luftfahrzeuge

Die hier gezeigten Luftfahrzeuge unterscheiden sich von Flugzeugen: Sie sind leichter als Luft, haben keine Flügel, sondern werden mit Gas oder heißer Luft gefüllt, um sie flugfähig zu machen.

Der erste Ballon

Die ersten „Fahrgäste" waren eine Ente, ein Hahn und ein Schaf.

Die Brüder Montgolfier bauten 1783 den ersten Heißluftballon. Sie experimentierten zunächst mit rauchgefüllten Stoffbeuteln, die sie aufsteigen ließen.

Heißluftballons

Die ersten Luftfahrzeuge waren Ballons. Sie wurden mit heißer Luft gefüllt. Später verwandte man Gas, das leichter ist als Luft.

Haut aus Nylon
Taue
Gasbrenner
Korb

So fährt ein Heißluftballon

Mit einem Gasbrenner wird heiße Luft in den Ballon geblasen. Heiße Luft ist leichter als kühle Luft, also steigt der Ballon auf.

Um den Ballon in der Luft zu halten, wird die Luft im Ballon mit dem Gasbrenner bei Bedarf nachgeheizt. Ein Ballon lässt sich nicht steuern. Er fährt mit der Windrichtung.

Zum Landen lässt man die Luft im Ballon abkühlen. Er wird schwerer und sinkt allmählich. Nach der Landung lässt der Ballonfahrer die restliche Luft entweichen.

Luftschiffe

Die ersten Luftschiffe waren ballonförmig und hatten Dampfmaschinen. Sie trieben einen Propeller an, der das Luftschiff voranbewegte. Es wurde mit Wasserstoff gefüllt.

Der Zeppelin

Das erste Luftschiff

Das erste Luftschiff baute vor über 125 Jahren der Franzose Henri Giffard. Es war über 40 m lang und wurde von einer kleinen Dampfmaschine angetrieben.

Leitwerk

Am Gerüst waren mit Wasserstoff gefüllte Zellen befestigt.

Metallgerüst

Das Luftschiff wurde vorn mit Drahtseilen an einem Ankermast festgemacht.

Propeller

Dieses Luftschiff hatte 5 Propeller.

Motor und Propeller
Passagierkabine

Die äußere Hülle bestand aus Stoff.

Kraftstoff- und Wassertanks

Führergondel

Unstarre Luftschiffe

Unstarre Luftschiffe dienen heutzutage noch als Trägerfahrzeuge für Kameras bei besonderen Ereignissen und zu Werbezwecken.

Starr-Luftschiffe

Der Deutsche Graf Ferdinand von Zeppelin war einer der bedeutendsten Erbauer von Luftschiffen. Sie waren 200 m lang, mit Wasserstoff gefüllt und hatten Metallgerüste.

Windkraft

Diese Fluggeräte haben keine Motoren. Bei den ersten Flugversuchen befestigte man Flügel an den Armen und sprang von einem steilen Hügel. Dann baute man „Hängegleiter", mit denen man aber nur kurze Strecken fliegen konnte. Moderne Segelflugzeuge bleiben bei günstigen Luftströmungen Stunden in der Luft.

Erster Gleitflug

Der Deutsche Otto Lilienthal flog im Jahr 1891 als Erster 25 Meter weit mit seinem Hängegleiter.

Höhenleitwerk

Moderne Segelflugzeuge
Sie bestehen aus leichten Materialien wie Furnierholz, Kunststoff oder Fiberglas.

Seitenruder

Cockpit

Die Tragflächen sind lang und dünn, damit das Segelflugzeug größeren Auftrieb und Gleitwinkel erhält. Der schmale Rumpf gleitet gut durch die Luft.

Ein Segelflugzeug wird von einem Motorflugzeug in die Luft geschleppt oder von einer Seilwinde hochgezogen. Bei ausreichender Höhe wird das Schlepptau ausgeklinkt.

Schlepptau

Segelfliegen

Um in der Luft zu bleiben, muss der Pilot warme, aufsteigende Luftströmungen finden. Das Aufsteigen warmer Luftströmungen heißt Thermik.

Drachen

Ein Drachen funktioniert wie ein großer Papier- oder Stoffdrachen. Er besteht aus einem Nylonsegel und einem Leichtmetallgestell.
Der Drachenflieger hängt unter dem Gestell an einem Haltebügel und steuert den Drachen durch Verlagerung seines Körpergewichts.

Fallschirme

Fallschirmspringen ist ein beliebter Sport. Ein Fallschirm sinkt mit etwa 40 km/h zur Erde und kann vom Fallschirmspringer gesteuert werden.

Absprung

Der Fallschirmspringer springt aus einem Flugzeug. Der Verpackungssack ist auf seinem Rücken. Das Ziehen der Leine öffnet den Fallschirm.

Nach wenigen Sekunden ist der Fallschirm ganz geöffnet. Zum Steuern zieht der Fallschirmspringer an bestimmten Steuerleinen.

Der Springer dreht den Schirm in den Wind, um vor der Landung „zu bremsen".

Erste Flugversuche

Auf dieser Seite erfährst du etwas über die ersten Flugzeuge und wie sie angetrieben wurden. Auf der nächsten Seite sind einige der berühmtesten Flüge gezeigt. Vor über 100 Jahren sind Menschen zum ersten Mal mit motorgetriebenen Flugzeugen geflogen.

Die beiden Propeller drehten sich in entgegengesetzter Richtung und bewegten das Flugzeug voran.

Doppelruder für die Steuerung

Die Flügel des Doppeldeckers waren mit Segeltuch bespannt.

Der Steuerknüppel wurde von Hand betätigt.

Steuerdrähte

Erste Flugzeuge

Die Brüder Wilbur und Orville Wright starteten erstmals 1903 mit ihrem selbst gebauten Flugzeug. Der erste Motorflug der Welt gelang Gustav Weißkopf im Jahr 1901.

Die Flyer der Gebrüder Wright hatte keine Pilotenkabine. Der Pilot steuerte das Flugzeug liegend auf dem unteren Flügel.

Anders als die Wright-Brüder starben viele der ersten Flugpioniere bei ihren Flugversuchen. Sie konnten ihre Flugmaschinen nicht kontrolliert steuern.

Wasserflugzeuge

Wasserflugzeug von Henri Fabre

Wasserflugzeug von Glenn Curtiss

Ein Wasserflugzeug startet und landet auf dem Wasser. Das Erste flog 1910 der Franzose Henri Fabre. Im Jahr darauf flog der Amerikaner Glenn Curtiss ein Flugzeug, das ein Schwimmgestell und Räder hatte. Heute werden überall Wasserflugzeuge verwendet.

Berühmte Flüge

Zum Mond
1969 landeten erstmals Menschen auf dem Mond. Die amerikanische Besatzung flog in dem Raumschiff Apollo 11.

Erste Wasserüberquerung

Blériot flog in seinem selbst gebauten Eindecker, der Blériot 11.

Einer der wagemutigsten Flüge war der des Franzosen Luis Blériot. Er überquerte im Jahre 1909 als Erster den Ärmelkanal.

Atlantiküberquerung
Im Jahr 1927 überquerte der Amerikaner Charles Lindbergh im Alleinflug als Erster den Atlantik. Der Flug dauerte 33 Stunden und 39 Minuten.

Einmal um die Welt
Dem Amerikaner Wiley Post gelang im Jahr 1933 als Erstem ein Flug rund um die Welt. Der Flug dauerte vom 15. bis 22. Juli.

Flug ins All
Der erste bemannte Flug ins All erfolgte 1961. Der russische Kosmonaut Jurij Gagarin umkreiste in der Wostok-1-Raumkapsel die Erde.

Nach Australien
Der erste Alleinflug von England nach Australien gelang der Pilotin Amy Johnson im Jahr 1930. Sie flog eine de Havilland Gypsy Moth.

Raumfahrt

Wo beginnt das All?
Die Erde ist umgeben von einer Luftschicht, der Atmosphäre. Weiter oben wird sie immer dünner, bis sie schließlich aufhört. Dort ist das All.

Durchs All fliegen
Ein normales Flugzeug kann nicht ins All fliegen, da das Triebwerk zum Verbrennen des Treibstoffs Luft braucht. Raketen führen Treibstoff und flüssigen Sauerstoff in Tanks mit.

Mehrstufenrakete
Zur Beschleunigung für den Flug ins All benötigen Raketen unvorstellbare Mengen Treibstoff. Raketen bestehen meist aus drei Stufen, in deren Treibstofftanks nacheinander der Treibstoff verbrennt. Danach lösen sich die Stufen von der Rakete, die so immer leichter wird.

Kommandokapsel
Raumschiff
3. Stufe
2. Stufe
1. Stufe

Die 3. Stufe löst sich. Das Raumschiff fliegt weiter ins All.

Ist der Treibstoff verbraucht, wird die 3. Stufe gezündet und katapultiert das Raumschiff weiter ins All.

Die 2. Stufe wird gezündet und sorgt für weitere Beschleunigung.

Ist der Treibstoff verbraucht, wird die 1. Stufe abgeworfen und fällt zurück auf die Erde.

Start: Die 1. Stufe wird gezündet.

Raketentriebwerke
Treibstofftank
Sauerstofftank
Brennkammer

Der Brennkammer wird Treibstoff und Sauerstoff zugeführt. Es entsteht ein Gemisch, das entzündet wird und heiße Gase bildet, die durch die Düse ausströmen und die Rakete antreiben.

Satelliten

Satelliten sind unbemannte Raumschiffe, die auf Umlaufbahnen die Erde umkreisen. Sie werden von Raketen ins All geschossen.

Nachrichtensatellit

Satelliten wie dieser ermöglichen ein weltweites Telefonnetz und Satellitenfernsehen.

Wettersatellit

Wettersatelliten beobachten das Wetter für Wettervorhersagen.

Spaceshuttle

Er unterscheidet sich von anderen Raumschiffen dadurch, dass er wieder verwendet wird. Bei der Rückkehr zur Erde landet er wie ein Flugzeug.

Ins All

Überall auf der Erde herrscht eine Kraft, die Schwerkraft, durch die Dinge zur Erde gezogen werden. Wirft man einen Ball in die Luft, so fällt er wegen der Schwerkraft zurück auf die Erde.

Die Überwindung der Schwerkraft ist der schwierigste Teil der Raumfahrt. Deshalb muss eine Rakete sehr schnell fliegen, um ins All zu gelangen und einen Satelliten auf eine Umlaufbahn zu bringen.

Eine Rakete muss schneller als 40 000 km/h fliegen, um ins All zu gelangen.

Ein Satellit muss mit etwa 29 000 km/h von einer Rakete auf eine Umlaufbahn um die Erde gebracht werden.

Eine Rakete, die langsamer als 29 000 km/h fliegt, kann die Anziehungskraft der Erde nicht überwinden und fällt zurück auf die Erde.

Große und schnelle Flugzeuge

Die größten Flugzeuge

Lockheed C-5A Galaxy, USA

Mil Mi-12, Russland

Sie ist das größte Militär-Transportflugzeug der Welt. Sie kann 270 Soldaten, 2 Panzer und weiteres Gerät befördern.

Dies ist der größte Hubschrauber der Welt. Er hat vier Motoren und wiegt ungefähr 100 Tonnen.

Zeppelin LZ 129, Deutschland

Dies war das größte Starr-Luftschiff, das je gebaut wurde. Es war fast 250 m lang; 3½-mal so lang wie ein Jumbojet.

Die schnellsten Flugzeuge

Die „Concorde" war mit 2300 km/h das schnellste Verkehrsflugzeug. Die Strecke Paris–New York flog die Maschine in nur etwa 3,5 Stunden. Nach einem Absturz 2003 wurde die „Concorde" außer Betrieb gestellt.

Das derzeit schnellste Flugzeug ist die „SR-71", auch „Blackbird" (engl.: schwarzer Vogel) genannt, mit einer Geschwindigkeit von bis zu 3530 km/h.

Luftsportarten

Auf den meisten Luftsportschauen kann man spektakuläre Kunstflugdarbietungen und Flugkunststücke bestaunen.

Kunstflug

Die Piloten tragen starke Gurte, damit sie nicht aus dem Sitz geschleudert werden.

Himmelsstürmer

1934 überquerte Geoffry Tyson, ein berühmter Himmelsstürmer, auf dem Kopf fliegend den Ärmelkanal.

Der Kunstflug entwickelte sich nach dem Ersten Weltkrieg. Die Piloten zeigten wagemutige Flugkunststücke. Man nannte sie „Himmelsstürmer".

Geschwindigkeit

An einem Geschwindigkeits-Wettbewerb nehmen acht Flugzeuge teil und absolvieren einen markierten Kurs. Gemessen wird vom Start bis zur Landung.

Formationsflug

Manche Fliegerstaffeln zeigen auf Luftschauen in ganz Europa ihre Formationsflüge. Die Flugzeuge fliegen dicht nebeneinander und kreuzen mit hoher Geschwindigkeit die Flugbahn ihrer Mitflieger, wobei die Maschinen farbigen Rauch ausströmen.

Wissenswertes

Am 14. November 1910 startete zum ersten Mal in der Geschichte der Luftfahrt ein Flugzeug vom Deck eines Schiffes.

1932 überquerte Amelia Earhart als erste Frau allein in einem Flugzeug den Atlantik.

Im Jahr 1947 durchbricht ein Flugzeug zum ersten Mal die Schallmauer.

1997 hob das halbstarre Luftschiff, der Zeppelin NT (neue Technik), zum Jungfernflug ab. Es wird für Touristenrundflüge, zu Werbezwecken und bei Großveranstaltungen zur Überwachung eingesetzt.

1999 gelingt die erste Nonstop-Umrundung der Erde in einem Heißluftballon.

Bei einem Flug von London nach Hongkong verbrennt ein Jumbo-Jet 180 000 Liter Kerosin. Mit dieser Menge könnte ein PKW 3500-mal betank werden und damit eine Strecke von mehr als 1,5 Millionen Kilometer zurücklegen.

Das größte Verkehrsflugzeug der Welt
Der Airbus A380 ist der größte Passagierjet mit vier Triebwerken und zwei durchgängigen Passagierdecks. Er bietet Platz für 525 Passagiere. Seine Tanks fassen insgesamt 324 540 Liter Kerosin.

Der Airbus A380

Unsere Erde

Warum schneit es im Winter? Warum gibt es Tag und Nacht? Welche Klimagebiete gibt es auf der Erde? Wie sind die Gebirge entstanden? Die Antworten auf diese und mehr Fragen findest du in diesem Kapitel.

Wie es auf der Erde aussieht

Die Erde ist eine große Kugel aus Gestein, die sich im Weltraum bewegt. Sie ist einer von 9 Planeten, die sich um die Sonne drehen. Die Planeten und die Sonne bilden zusammen unser Sonnensystem. Unsere Sonne ist nur einer von vielen Millionen Sternen im Weltraum.

Weißt du eigentlich ...

★ ... dass die Erde nicht vollkommen rund ist? Um die Mitte ist sie etwas dicker, dafür an den Enden etwas flacher. Die gedachte Linie um die Mitte der Erde nennt man „Äquator". Die Enden heißen „Nordpol" und „Südpol".

★ ... dass der Äquator die Erde in zwei Hälften teilt? Die obere Hälfte nennt man „nördliche Halbkugel", die untere Hälfte „südliche Halbkugel".

★ ... dass nur etwas mehr als ein Viertel der Erdoberfläche aus Land besteht? Es befindet sich zum größten Teil auf der nördlichen Halbkugel. Das gesamte Land ist in sechs Erdteile oder Kontinente gegliedert.

Fast drei Viertel der Erdoberfläche sind mit Wasser bedeckt. Alle Weltmeere (oder Ozeane) stehen miteinander in Verbindung.

Fast ein Achtel aller Landgebiete der Erde sind Wüsten. Dort können nur ganz wenige Tiere und Pflanzen leben.

Die Erde dreht sich wie ein Kreisel ständig um ihre eigene Achse. Diese Achse ist eine gedachte Linie zwischen den beiden Polen.

Der Mond ist eine felsige Kugel, die sich um die Erde dreht. Er ist 384 000 Kilometer von der Erde entfernt. Das ist ungefähr 25-mal so weit wie von uns nach Australien. Andere Planeten haben auch Monde.

Je weiter man sich vom Äquator entfernt, desto kälter wird es. Die kältesten Stellen der Erde liegen am Nordpol und am Südpol. Sie sind immer von Eis bedeckt.

Der Erdumfang beträgt ungefähr 40 000 Kilometer. Auf der Autobahn müsste man einen halben Monat ohne Pause fahren, um diese Strecke zurückzulegen.

Fast ein Fünftel der Landgebiete auf der Erde sind Gebirge. In den Bergen leben weniger Menschen, denn viele Gebirge sind zu steil, um dort Häuser zu bauen und Felder zu bestellen.

In Äquatornähe ist es ständig heiß und es gibt viel Urwald. Manche Bäume werden dort so groß wie ein Hochhaus mit 20 Stockwerken.

Die heißesten Gebiete der Erde sind die Tropen. Sie liegen zu beiden Seiten des Äquators.

Die Erde wiegt etwa 6 Trilliarden Tonnen (6 mit 21 Nullen!).

Wie es im Inneren der Erde aussieht

Die oberste Bodenschicht besteht aus ganz fein zermahlenem Gestein und abgestorbenen Pflanzenresten.

Darunter liegen Schichten von Gestein.

In Felsschichten findet man manchmal unterirdische Bäche und Flüsse.

So ist die Erde aufgebaut

Auf dem Bild wurde ein Stück aus der Erdkugel herausgeschnitten. So kannst du erkennen, wie es im Inneren aussieht.

Die Erde ist von einer harten Kruste bedeckt, die 5 bis 60 Kilometer dick ist. Die Entfernung von der Erdkruste bis zum Erdmittelpunkt beträgt etwa 6300 Kilometer. Unter der Erdkruste liegt eine Schicht aus heißem, geschmolzenem Gestein. Diese Schicht, der Erdmantel, ist ständig in Bewegung. Das Erdinnere nennt man „Erdkern". Der äußere Kern besteht aus heißen, flüssigen Metallen, vor allem aus Eisen und Nickel.

Der innere Kern ist wahrscheinlich festes Metall. Im Erdinneren kann es bis zu 4000 Grad heiß sein.

Im Kalkstein gibt es häufig Höhlen, denn er wird vom Wasser leicht ausgewaschen. Das Wasser verursacht im Boden Risse und Löcher. Diese werden immer größer, bis schließlich eine Höhle daraus entsteht.

Warum gibt es Berge und Täler?

Einige Gegenden sind flach, andere hügelig oder gebirgig. Die Erdoberfläche verändert sich immer noch – aber so langsam, dass du das kaum miterleben kannst. Das heiße, flüssige Gestein des Erdmantels ist ständig in Bewegung. Das erzeugt Unebenheiten an der Erdoberfläche. In Millionen von Jahren sind daraus die Gebirge entstanden.

Gletscher sind Eisströme, die sich ganz langsam vorwärts bewegen. Sie nehmen dabei Felsbrocken, Erde und Geröll mit. Vor etwa einer Million Jahren, in der letzten Eiszeit, gab es viele Gletscher. Die meisten sind inzwischen geschmolzen. Sie haben tief eingeschnittene Täler hinterlassen.

Manchmal bricht flüssiges Gestein aus dem Erdmantel durch die Kruste. Es kühlt ab, wird hart und hinterlässt einen kegelförmigen Berg. Das ist ein Vulkan. Wenn er ausbricht, strömt aus dem Vulkanschlot heiße Lava aus.

Kegelförmige Berge sind meistens erloschene Vulkane. Diese brechen nicht mehr aus.

Blasloch

Jüngere Berge sind häufig steil und haben spitze, hohe Gipfel.

Die Wellen schleudern Sand und Geröll gegen die Felsen. Dadurch entstehen eigenartige Küstenformen.

Ein Tafelgebirge ist durch einen Riss in der Erdkruste entstanden.

Felsnadeln

An einem Einschnitt im Gebirge kannst du manchmal die verschiedenen Gesteinsschichten erkennen.

Genauso wie die Gebirge von unten aufgewölbt wurden, wird das Land auch von oben geformt. Es wird ganz allmählich von Flüssen, Gletschern, Regen, Wind, Eis und durch die Einwirkung der Sonne abgetragen. Einige Gesteinsarten sind weicher als andere und werden daher schneller abgeschliffen.

Am Horizont trifft der Himmel scheinbar mit dem Land (oder Meer) zusammen. Weiter kann man nicht sehen, weil die Erde gekrümmt ist.

Die meisten Menschen leben in Tälern, in Ebenen oder in flachen Hochlandgebieten, den sogenannten Plateaus.

Manchmal wird die Erdoberfläche durch Bewegungen des Gesteins im Erdmantel erschüttert. Das nennt man „Erdbeben".

Alte Gebirge sind stärker abgetragen und daher meist flacher und sanfter.

Manche Berge sind durch die Naturgewalten ganz seltsam geformt worden.

Faltengebirge sind dadurch entstanden, dass die Erdkruste aufgewölbt und zusammengedrückt wurde.

Wenn ein Fluss seinen Lauf durch hartes Gestein bahnt, entsteht eine Schlucht.

Woher kommt das Wasser?

Die Wassermenge auf der Erde verändert sich nicht, denn das Wasser bewegt sich in einem Kreislauf. Die Kästchen 1 bis 4 geben an, wie er abläuft.

1 Die Sonne erwärmt die Oberfläche von Flüssen, Seen und Meeren. Dadurch verdunstet Wasser und wird zu Wasserdampf.

2 Viele einzelne Wasserdampftröpfchen verbinden sich zu Wolken.

3 Wenn es kälter wird, verwandelt sich der Wasserdampf wieder zu Wasser: Es regnet.

4 Der Regen versickert im Boden und sammelt sich dort an. Aus Quellen entspringen Bäche und Flüsse, die schließlich ins Meer münden.

Die Quelle ist der Ursprung eines Flusses. Quellen liegen häufig an einem Berghang.

Zunächst fließt ein Fluss oft gerade und schnell. Später wird er breiter und langsamer. Er versucht dann, hartem Gestein auszuweichen.

Ein Fluss wäscht weiches Gestein schneller aus als hartes. Dadurch entsteht eine Stufe im Fluss, ein Wasserfall.

So verändert sich ein Flusslauf

1   2   3 *Altwasser*

Die Windungen eines Flusses heißen „Mäander". Bei Hochwasser kann es vorkommen, dass der Fluss über seine Ufer tritt und geradeaus weiterfließt. Die Schleife, die er dann hinterlässt, nennt man „Altwasser".

Flüsse durchschneiden die Landschaft und schwemmen Geröll und Erde ins Meer. Nach Jahrhunderten hinterlassen sie breite Täler und steile Schluchten.

Die Stelle, an der ein Fluss ins Meer fließt, ist die Mündung.

Nebenflüsse lassen den Fluss immer mehr anschwellen.

Manchmal lässt ein Fluss große Mengen Schlamm und Geröll in der Mündung zurück. Dann bildet sich dort ein Delta.

Mit dem „Gleithang" ragt ein Berg in den Fluss hinein.

Seen sind mit Wasser gefüllte Vertiefungen im Land.

Einige flache Seen trocknen bei zu wenig Regen aus.

Manchmal wird Wasser durch heißes Gestein in der Erdkruste erhitzt und schießt als „Geysir" (heiße Quelle) nach oben.

Sears Tower (443 Meter hoch) in Chicago (USA)

Die höchsten Wasserfälle der Erde sind die Angel-Fälle in Venezuela. Das Wasser fällt dort fast einen Kilometer tief. Das größte Hochhaus der Welt mit 110 Stockwerken ist nur etwa halb so hoch.

Wie es im Meer aussieht

Etwa drei Viertel der Erdoberfläche sind von Meeren und Ozeanen bedeckt. Dort leben die verschiedenartigsten Tiere und Pflanzen. Darüber hinaus gibt es im Meer viele wertvolle Rohstoffe und Mineralien, vor allem Salz. Die Mineralien werden durch die Flüsse aus dem Boden herausgewaschen und ins Meer gespült.

Tsunamis sind riesige Flutwellen. Sie entstehen durch Seebeben (Erdbeben am Meeresboden).

Fliegender Fisch

Seeschlange

Die meisten Wassertiere und Wasserpflanzen leben nahe der Oberfläche. Das Wasser wird dort von der Sonne erwärmt. Am Meeresgrund ist es dagegen kalt und dunkel.

Qualle

Wenn du eine Flaschenpost ins Meer wirfst, wird sie von der Strömung vielleicht an die Küste eines anderen Erdteils getrieben. Meeresströmungen bewegen sich in riesigen Kreisen zwischen warmen und kalten Gebieten hin und her. Sie entstehen durch den Wind und die Drehung der Erde.

Korallen sind kleine, geleeartige Tiere, die in warmen, flachen Meeren leben. Jede Koralle schützt ihren Körper durch ein Gehäuse aus Kalk. Wenn das Tier stirbt, bleibt das Kalkgehäuse zurück. Darauf wachsen dann wieder neue Korallen. So bildet sich allmählich ein Korallenriff.

Der Meeresboden ist nicht flach, es gibt dort Berge und Täler wie auf dem Land. Inseln sind die Berge, die aus der Wasseroberfläche herausragen.

Meere können kalt oder warm sein. Das Wasser im Persischen Golf kann bis zu 35 Grad warm sein. Das Nordpolarmeer ist dagegen teilweise gefroren.

Manchmal ragt ein Korallenriff aus der Wasseroberfläche heraus und bildet eine ringförmige Insel: ein „Atoll".

So bewegen sich Wellen

Wellen bewegen sich scheinbar an der Wasseroberfläche. Tatsächlich dreht sich das Wasser aber im Kreis auf und ab. Wenn du einen Gegenstand ins Meer wirfst, bewegt er sich so wie auf diesem Bild.

Der Berg Mauna Kea auf Hawaii misst vom Meeresgrund bis zum Gipfel 10 Kilometer. Damit ist er höher als der höchste „Landberg" der Erde, der Mount Everest.

Fische können im Wasser atmen, weil sie Kiemen haben. Damit filtern sie den Sauerstoff aus dem Wasser, den sie zum Leben brauchen.

Delfin

Seepferdchen

Hai

Rochen

Seetang und kleine Schalentiere leben nahe der Küste.

Das salzigste Gewässer der Erde ist das Tote Meer. Man kann sich dort auf der Wasseroberfläche treiben lassen.

Krake

Flut

Ebbe

Der Marianengraben im Pazifischen Ozean ist die tiefste Stelle im Meer. Wenn du dort eine Stahlkugel fallen ließest, brauchte sie für die über 11 Kilometer bis zum Grund länger als eine Stunde.

An den Küsten der meisten Meere ändert sich der Wasserstand etwa alle sechs Stunden. Steigt das Wasser an, spricht man von „Flut"; fällt das Wasser, spricht man von „Ebbe". Ebbe und Flut nennt man die „Gezeiten". Die Anziehungskraft des Mondes und der Sonne bringt die Wassermassen auf der Erde in Bewegung.

Was in der Luft geschieht

Die Erde ist von einer Luftschicht umgeben, die man „Atmosphäre" nennt. Die Luft enthält verschiedene Gase. Eines davon ist Sauerstoff, den Tiere und Menschen zum Leben brauchen. Ein anderes Gas ist das Kohlendioxid, das die Pflanzen benötigen. Die Lufthülle schützt uns vor den gefährlichen ultravioletten Strahlen der Sonne.

Die Luft kann man nicht sehen – nur die winzigen Staubkörnchen, die herumwirbeln. Man kann Luft aber fühlen, zum Beispiel als Wind.

Luft ist schwer! Unser Körper ist jedoch so eingerichtet, dass wir ihr Gewicht nicht spüren. Am Meer wiegt die Luft, die auf deinen Daumennagel drückt, etwa 1 Kilogramm.

Die Atmosphäre wird in fünf Hauptschichten eingeteilt. Nach oben hin wird sie immer dünner, bis sie schließlich im Weltraum endet.

Raumrakete

80 bis 50 Kilometer Höhe
In der Ionosphäre (oder Thermosphäre) ist die Luft sehr dünn und elektrisch geladen.

Die höchsten Wolken, die wir kennen, sind die leuchtenden Nachtwolken. Sie sind erst nach Sonnenuntergang zu sehen.

Meteoriten sind Gesteinsbrocken aus dem Weltraum. Wenn sie in die Atmosphäre geraten, verglühen sie dort.

17 bis 80 Kilometer Höhe
Die nächsten Schichten sind die Stratosphäre und die Mesosphäre. Die meisten Flugzeuge fliegen in dieser Höhe, weil die Luft dort ruhiger ist.

0 bis 17 Kilometer Höhe
Die unterste Schicht heißt „Troposphäre". Sie ist die schmalste Schicht, enthält aber 90 Prozent der Luft. Hier spielt sich der größte Teil des Wettergeschehens ab.

Wolken bestehen aus winzigen Wassertröpfchen oder Eiskristallen. In unterschiedlicher Höhe findet man verschiedene Wolkenarten.

Die äußerste Schicht der Atmosphäre ist die Exosphäre. Sie geht in den luftleeren Weltraum über.

Wettersatellit

Im Verhältnis zur Größe der Erde ist die Lufthülle so dünn wie eine Apfelschale.

Diese Lichterscheinung nennt man „Polarlicht". Man kann es ab und zu in Polarnähe sehen.

Von der Ionosphäre werden die Radiowellen in verschiedene Teile der Erde zurückgestrahlt.

Einige Vogelarten können in Höhen bis zu 8 Kilometer fliegen.

Auf hohen Bergen ist die Luft sehr dünn. Deshalb nehmen Bergsteiger Sauerstoffgeräte dorthin mit.

Warum funkeln die Sterne?

Sterne scheinen zu funkeln, weil ihr Licht auf dem Weg durch die Luft unterschiedlich stark gebrochen wird. Es leuchtet aus verschiedenen Richtungen, je nachdem ob es durch warme oder kalte Luftschichten kommt. Das sieht dann wie Funkeln aus.

Warum verändert sich die Farbe des Himmels?

Im Sonnenlicht sind alle Farben des Regenbogens enthalten. Die Farbe des Himmels hängt von der Stellung der Sonne ab: Wenn sie hoch steht, erscheint der Himmel blau. Steht die Sonne tief, kann er rot, orange oder violett aussehen.

Warum gibt es Tag und Nacht?

Tag und Nacht entstehen durch die Sonne. Sie ist eine Kugel aus glühenden Gasen, die Licht und Hitze abstrahlt. Die Sonne ist immer da, aber du kannst sie nicht immer sehen, weil sich die Erde dreht. In dem Teil der Erde, der von der Sonne abgewandt ist, herrscht Nacht.

Die Erde braucht 24 Stunden, um sich einmal um die eigene Achse zu drehen. Ungefähr die Hälfte dieser Zeit ist der Teil der Erde, in dem du lebst, der Sonne zugewandt: Dann ist es Tag. Tagsüber sieht es so aus, als bewegte sich die Sonne am Himmel. Tatsächlich ist es aber die Erde, die sich um die Sonne dreht.

Warum die Uhrzeit nicht überall gleich ist

Die Uhrzeit ist nicht überall auf der Welt gleich. Wenn bei dir Mittag ist, ist es auf der gegenüberliegenden Seite der Erde Mitternacht. Die Welt ist in 24 Zeitzonen eingeteilt. Wenn es in der einen Zeitzone 13 Uhr ist, ist es in der nächsten Zone weiter östlich 14 Uhr und in der nächsten Zone nach Westen 12 Uhr. Wenn du Zeitzonen durchquerst, musst du deine Uhr entsprechend verstellen. Reist man Richtung Osten, muss man die Uhr vorstellen, in Richtung Westen muss man sie zurückstellen. An einer bestimmten Stelle der Erde, an der Datumsgrenze, ändert sich auch das Datum.

Am eindrücklichsten wird uns der Zeitunterschied der verschiedenen Zeitzonen an Silvester vor Augen geführt. Wenn in Australien die Menschen das neue Jahr schon mit einem riesigen Feuerwerk begrüßen, ist es bei uns erst Nachmittag. Auch Flugreisende, die zum Beispiel den Atlantik überqueren, fliegen durch verschiedene Zeitzonen. Das verursacht bei vielen Menschen einen sogenannten „Jetlag", das heißt sie leiden unter der Zeitverschiebung.

Warum gibt es Schatten?

Der Schatten zeigt immer von der Sonne weg.

Morgen — Mittag — Abend

Die Strahlen des Sonnenlichts können Gegenstände nicht ausweichen. Deshalb gibt es Schatten hinter allen Dingen, die im Weg stehen.

Morgens und abends steht die Sonne tief und wirft lange Schatten. Mittags, wenn die Sonne am höchsten steht, sind die Schatten sehr kurz.

Sonnen in der Nacht

In klaren Nächten kannst du den Mond und die Sterne sehen. Sterne sind ebenfalls Sonnen. Da sie aber sehr weit von uns entfernt sind, sehen sie viel kleiner aus als unsere Sonne. Tagsüber sind sie nicht zu sehen, weil die Sonne sie überstrahlt.

Der Mond ist eine felsige Kugel, die die Erde umkreist. Er leuchtet nicht selbst. Du kannst ihn nur sehen, weil ihn die Sonne bescheint und das Sonnenlicht von seiner Oberfläche zurückgeworfen wird.

Der Mond verändert seine Form nur scheinbar. In Wirklichkeit wird immer nur ein bestimmter Teil des Mondes von der Sonne angestrahlt. Wenn der Mond in der Stellung steht wie auf dem Bild links, siehst du ihn wie hier oben.

Warum sind nicht alle Tage gleich lang?

Im Sommer ist es nicht nur wärmer, sondern es ist auch länger hell. Der Teil der Erde, der der Sonne zugewandt ist, bekommt dann nämlich länger Sonnenlicht. Je näher man den Polen kommt, desto größer wird der Unterschied in der Tageslänge zwischen Sommer und Winter.

Auf der großen Erdkugel rechts unten hat die Südhalbkugel Sommer. Die roten Linien zeigen die Länge des Tages, die weißen Linien die Länge der Nacht. Die gestrichelten Linien gelten für den Teil der Erde, den du nicht sehen kannst.

In Gegenden, die nahe am Polarkreis liegen, ist es im Winter fast 24 Stunden lang dunkel.

Im Sommer herrscht dort dagegen fast 24 Stunden lang Tageslicht.

Am Äquator sind Tag und Nacht immer je 12 Stunden lang.

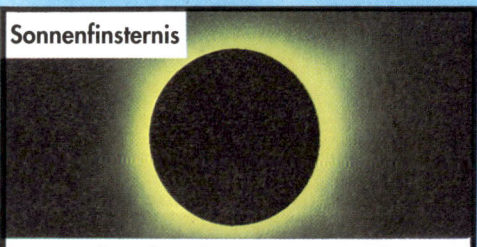

Sonnenfinsternis

Manchmal sieht es so aus, als stünde der Mond genau vor der Sonne. Da uns Mond und Sonne am Himmel etwa gleich groß erscheinen, verdeckt der Mond die Sonne. Für kurze Zeit wird es dann dunkel.

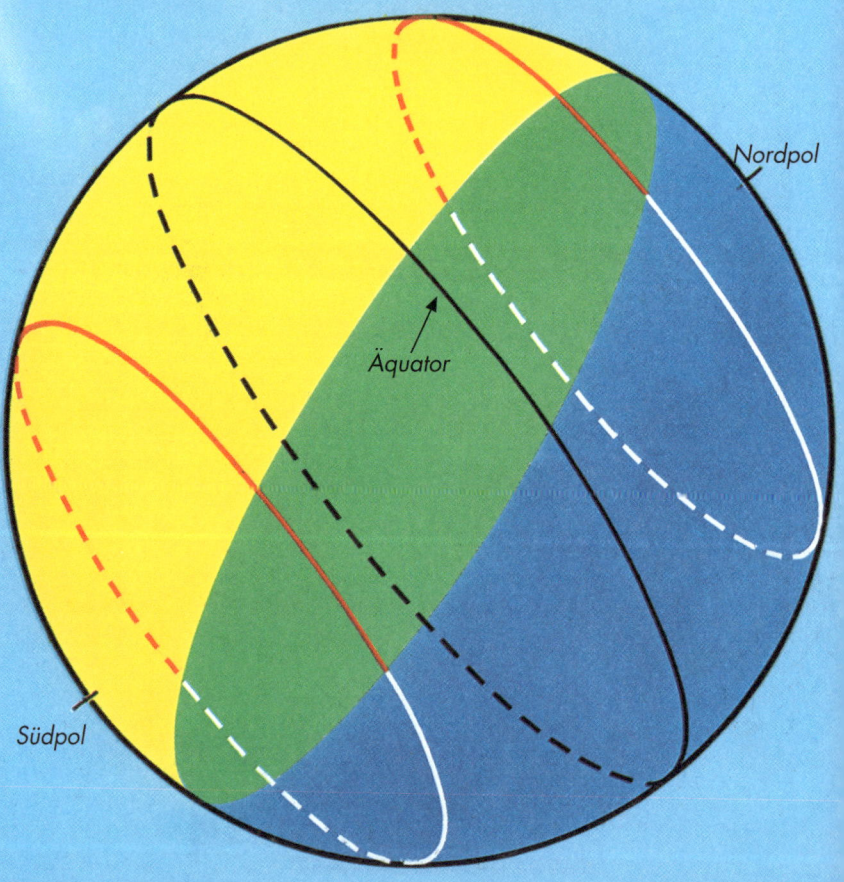

Klimagebiete auf der Erde

Unter Klima versteht man das Wetter, das für eine bestimmte Gegend typisch ist. Es hängt hauptsächlich davon ab, wie weit diese vom Äquator entfernt ist. Außerdem wird das Klima vom Wind, von Meeresströmungen, von der Höhenlage und der Nähe zum Meer beeinflusst.

Es gibt warme und kalte Meeresströmungen. Eine dieser warmen Strömungen, der Golfstrom, erwärmt die Küsten von Nordwesteuropa. Die Küste von Nordostamerika liegt zwar in der gleichen Entfernung vom Äquator, aber dort ist es unter dem Einfluss des kalten Labradorstroms viel kälter.

Im Inneren eines Erdteils gibt es häufig große Klimaunterschiede: Die Sommer sind sehr heiß und die Winter sehr kalt. In Werchojansk in Sibirien können die Temperaturen zwischen 30 und – 70 Grad Celsius liegen.

Im Gebirge regnet es häufiger als in der Ebene.

Binnenländer können sehr trocken sein: Die feuchten Winde vom Meer haben den größten Teil ihrer Feuchtigkeit bereits vorher abgegeben.

Je höher du im Gebirge lebst, desto kälter wird es bei dir sein. Der Gipfel des Kilimandscharo hat immer Schnee, obwohl er nahe am Äquator liegt.

Meere machen das Klima milder. An der Küste sind die Sommer in der Regel etwas kühler, die Winter aber milder als im Binnenland.

Warum ist das Wetter so?

Wetter ist das Zusammenwirken von Luft, Sonne und Wasser. Wenn sich die Luft bewegt, entsteht Wind. Die Sonne spendet uns Wärme. Wasser erzeugt Wolken, Regen, Schnee und Eis.

Woher kommt der Wind?

Da warme Luft leichter ist als kalte, steigt die warme Luft auf. Nun nimmt kalte Luft den Raum ein, in dem vorher warme Luft war. So gibt es immer Luftströmungen zwischen warmen und kalten Gebieten. Das ist der Wind. Winde verändern ihre Richtung, weil sich die Erde dreht.

Das Land erwärmt sich schneller als das Wasser und kühlt sich auch schneller ab. Tagsüber weht kühler Wind vom Meer zum Land, nachts weht warmer Wind vom Land zum Meer.

Was Wolken über das Wetter verraten

Warme Luft kann mehr Feuchtigkeit aufnehmen als kalte Luft. Wenn die warme Luft aufsteigt, kühlt sie sich ab. Dabei verwandelt sich ein Teil der Feuchtigkeit in Wassertropfen oder Eiskristalle (wenn es sehr kalt ist). Daraus bilden sich Wolken.

Cirrus- oder Federwolken sind sehr hoch schwebende Wolken aus Eiskristallen: Sie zeigen warmes Wetter an.

Cirrocumulus- oder Schäfchenwolken zeigen Regen an.

Altocumuluswolken bestehen aus kleinen Wolkenballen.

Cirrostratuswolken können einen Halo (einen weißlichen Ring oder „Hof") um Sonne oder Mond verursachen. Der Halo entsteht, wenn das Licht durch die Eiskristalle der Wolken gebrochen wird.

Flache Cumulus- oder Haufenwolken zeigen einen warmen, sonnigen Tag an.

Cumulonimbus ist eine riesige Gewitterwolke.

Nimbostratuswolken bilden eine tief hängende graue Wolkenschicht: Es wird bald regnen oder schneien.

Stratus- oder Schichtwolken liegen oft als dicke Wolkendecke („Hochnebel") in Bodennähe.

Warum es regnet

Wenn es kälter wird, verwandelt sich Wasserdampf zu Wassertröpfchen. Sie bilden immer größere Tropfen. Schließlich werden die Wassertropfen so schwer, dass die Wolke sie nicht mehr halten kann: Es regnet.

Je mehr Wassertropfen eine Wolke enthält, desto dunkler und schwerer wird sie.

Im Gebirge regnet es häufiger, denn die Wolken müssen dort aufsteigen. Dabei kühlen sie sich ab und es regnet.

Wenn die Sonne durch den Regen scheint, entsteht oft ein Regenbogen. Normalerweise kann man die Farben des Sonnenlichts nicht sehen. Wenn aber die Regentropfen das Licht brechen, kannst du jede Farbe einzeln erkennen: Rot, Orange, Gelb, Grün, Hellblau, Dunkelblau, Violett.

Ein Regenbogen sieht wie ein Torbogen aus. Von hoch oben könntest du ihn als vollständigen Kreis sehen.

Eis und Schnee

Wenn es friert, verwandelt sich das Wasser in den Wolken in Eisnadeln. Sie werden größer und bilden Kristalle. Diese verbinden sich wiederum zu Schneeflocken.

Eiskristall

Eisnadel

Schneeflocken haben immer sechs Seiten.

Schneeflocken

Wenn die Temperatur in Bodennähe über dem Gefrierpunkt (0 Grad) liegt, schmilzt der Schnee und fällt als Regen oder Schneeregen.

Tau und Reif

Nachts kühlt sich die Luft ab und ein Teil der Feuchtigkeit setzt sich als Tau ab. Bei großer Kälte wird daraus Raureif.

Kleine Geschichte unserer Erde

Unsere Erde ist vor ungefähr 4½ Milliarden Jahren entstanden. Allerdings haben sich das Klima und die Landschaft von heute erst allmählich herausgebildet. Immer wieder haben sich neue Tier- und Pflanzenarten entwickelt. Andere sind ausgestorben, weil sie sich neuen Lebensbedingungen nicht anpassen konnten. Diesen Vorgang nennt man „Evolution".

Die Erde ist wahrscheinlich aus einer riesigen Wolke aus Staub und Gasen entstanden. Allmählich wurde daraus eine Kugel aus flüssigem Gestein.

Vor 4½ Milliarden Jahren

Dann kühlte sich die Oberfläche ab. Es bildete sich eine harte Kruste. Heißes, flüssiges Gestein brach an vielen Stellen durch die Kruste. Es erkaltete und wurde ebenfalls hart.

Vor 225 Millionen Jahren

Damals war die gesamte Landmasse der Erde noch ein einziger Erdteil: „Pangäa".

Das war das Zeitalter der Dinosaurier.

Vor 280 Millionen Jahren

Dimetrodon, ein fleischfressender Riesensaurier

Erste Insekten und Reptilien

Die Erde wurde trockener und es bildeten sich Wüsten. Die Reptilien entwickelten sich. Ihre dicke, schuppige Haut schützte sie vor der Hitze an Land.

Amphibien (Lurche)

Die Erde war bedeckt mit dampfenden Sümpfen. Diese wurden später unter Sandschichten begraben. Nach Jahrmillionen wurde aus den Sumpfwäldern Kohle.

Pterodactylos, ein Flugsaurier

Vor 190 Millionen Jahren

Pangäa begann sich zu teilen.

Archaeopteryx, der Urvogel

Vor 135 Millionen Jahren

Die ersten Blumen

Die ersten Säugetiere waren Tiere mit Fell. Sie säugten ihre Jungen mit Milch.

Vor 70 Millionen Jahren

Eohippus, das Urpferd

Die Dinosaurier starben aus. Säugetiere, Bäume und andere Pflanzen vermehrten sich.

Vor 3½ bis 4 Milliarden Jahren

Als die Erde abkühlte, bildeten sich Dampf- und Gaswolken. Ihre Feuchtigkeit wandelte sich in Wasser um. Ungeheure Regengüsse überfluteten die Erde. Dadurch entstanden die ersten Meere.

Vor 2½ Milliarden Jahren

Die ersten Lebewesen entwickelten sich im Meer. Sie waren ganz einfach gebaut und noch winzig klein. Allmählich entstanden daraus Pflanzen.

Die Berge begannen Gestalt anzunehmen.

Vor 570 Millionen Jahren

Während die Pflanzen wuchsen, erzeugten sie Sauerstoff. Dadurch konnten sich Tiere entwickeln. Die ersten Tiere waren sehr klein und lebten im Wasser.

Seestern, Qualle, Ammonit, Schwämme, Trilobit, Seelilie

Vor 300 Millionen Jahren

Vor 400 Millionen Jahren

Die Fische entwickelten sich. Sie waren die ersten Tiere mit einem Rückgrat.

Die ersten Amphibien: Tiere, die im Wasser und an Land leben konnten.

Vor 500 Millionen Jahren

Brachiopode, Seeigel, Koralle

Farne wuchsen in den Sümpfen. Auf dem trockenen Festland gab es immer noch keine Pflanzen und Tiere.

Vor 40 Millionen Jahren

Säbelzahntiger, Affe, Wild

Vor 2 Millionen Jahren

Wollmammut

In den Eiszeiten wurde das Klima sehr viel kälter. Nur Tiere mit Fell konnten in dieser Kälte überleben.

Vor 1 Million Jahren

Die ersten Menschen lebten in Höhlen. Sie lernten, Werkzeuge aus Stein herzustellen und das Feuer als Wärmespender und zum Kochen zu benutzen.

In 5 Milliarden Jahren

Wissenschaftler nehmen an, dass die Erde in etwa 5 Milliarden Jahren nicht mehr bestehen wird. Die riesig vergrößerte Sonne wird die Erde verschlucken.

Wichtige Begriffe

Hier folgt eine kurze Zusammenstellung wichtiger Begriffe über die Erde.

Anziehungskraft
Die Anziehungskraft der Sonne hält die Planeten auf ihren Umlaufbahnen. Die Anziehungskraft der Erde lässt den Mond um die Erde kreisen. Die Schwerkraft ist eine besondere Anziehungskraft, durch die Dinge zur Erde gezogen werden. Die Schwerkraft verhindert zum Beispiel auch, dass wir in der Luft herumschweben.

Atmosphäre
Die Atmosphäre ist eine dünne Gasschicht, die einen Planeten umgibt. Die Erdatmosphäre enthält Gase, die Pflanzen, Tiere und Menschen zum Leben brauchen. Keiner der anderen Planeten in unserem Sonnensystem hat eine Atmosphäre, in der wir leben könnten.

Breiten- und Längengrade
Breiten- und Längengrade sind gedachte Linien, mit denen die Erdkugel unterteilt wird. Die Linien der Breitengrade verlaufen waagerecht rund um die Erde, wie der Äquator. Die Längengrade verlaufen senkrecht vom Nordpol zum Südpol.

Erdachse
Die Erdachse ist eine gedachte Linie vom Nordpol zum Südpol. Sie verläuft durch den Erdmittelpunkt.

Erdkruste, Erdmantel, Erdkern
Die dünne Erdoberfläche aus hartem Gestein ist die Erdkruste. Die darunter liegende heiße Gesteinsschicht ist der Erdmantel. Teilweise ist dieses Gestein flüssig und in ständiger Bewegung. Dadurch entstehen Gebirge, Vulkane und Erdbeben. Das Erdinnere ist der Erdkern.

Gezeiten
Die Gezeiten zeigen sich in Ebbe und Flut, das heißt im Ansteigen und Abfallen des Meeresspiegels. Sie werden durch die Schwerkraft des Mondes und der Sonne hervorgerufen. Der höchste Wasserstand tritt bei Neumond auf: Dann wirken die Kräfte von Mond und Sonne gleichzeitig in dieselbe Richtung.

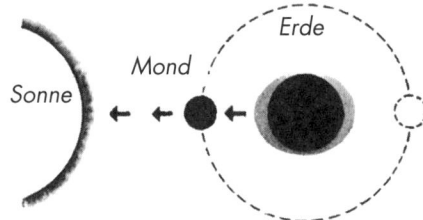

Vulkane
Vulkane sind Berge oder Hügel mit einem „Loch" in der Mitte, dem Krater. Der Schlot unter diesem Krater kann bis in den Erdmantel hineinreichen. Wenn der Vulkan ausbricht, fließt glühend heiße Lava aus dem Krater und Aschewolken steigen auf.

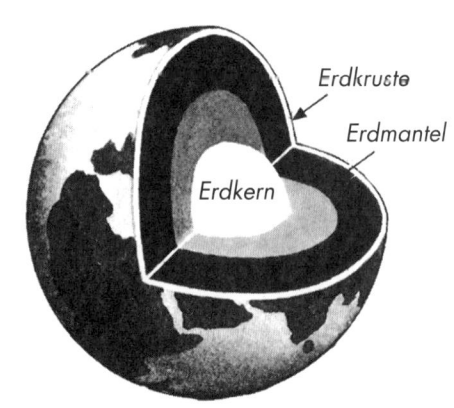

Was in der Natur geschieht

Wie entstehen Blitz und Donner?
Warum gibt es verschiedene Jahreszeiten?
Wie sieht es in einem Vulkan aus?
In diesem Kapitel erhältst du Antworten
auf deine Fragen über die Natur.

Regen und Regenbogen

Jeden Tag steigen aus Flüssen und Seen Millionen von kleinen Wassertropfen in die Luft auf.

Wenn viele Wassertröpfchen zusammen am Himmel schweben, bilden sie eine Wolke.

Stoßen die kleinen Tropfen zusammen, verbinden sie sich zu größeren Tropfen.

Wenn diese Wassertropfen schwer genug sind, fallen sie als Regen wieder auf die Erde.

Auf dem Land versickert der Regen im Erdboden, in der Stadt fließt er in die Kanalisation.

Wenn der Regen in Flüsse und Seen zurückkommt, können wieder Wassertropfen aufsteigen und Wolken bilden.

Ein Regenbogen ohne Regen

Wie ein Regenbogen entsteht, verstehst du am besten, wenn du selbst einen hervorrufst. Stelle ein Glas Wasser bei Sonnenschein auf ein Blatt weißes Papier ans Fenster: Du wirst einen bunten Lichtstreifen auf dem Papier sehen.

Was geschieht im Regentropfen?

Bei den Regentropfen ist es genauso wie beim Wasser im Glas: Das Sonnenlicht wird im Wassertropfen in sieben Farben zerlegt.

Ein Regenbogen entsteht

Ein Regenbogen erscheint, wenn die Regentropfen das weiße Sonnenlicht brechen und in einzelne Farben zerlegen. Weil jede Farbe in einem anderen Winkel gebrochen wird, siehst du sie nebeneinander.

Sonnenlicht

Regentropfen

So trifft das Licht auf deine Augen.

Damit du einen Regenbogen sehen kannst, musst du immer so stehen, dass du die Sonne im Rücken hast.

Die Farben des Regenbogens erscheinen immer in der gleichen Reihenfolge: Rot, Orange, Gelb, Grün, Hellblau, Dunkelblau, Violett.

Blitz und Donner

1 Im Kreis siehst du, was während eines Gewitters in einer Wolke vorgeht: Viele kleine Wassertropfen stoßen zusammen und reiben sich aneinander. Das erzeugt elektrischen Strom in der Wolke.

2 Der elektrische Strom springt als Funke von Wolke zu Wolke und schließlich zur Erde: Das nennen wir Blitz.

3 Überrascht dich ein Gewitter im Freien, meide einzeln stehende Bäume! Am besten kauerst du dich in eine Bodenvertiefung. Blitzschlag ist lebensgefährlich!

4 Blitze schlagen oft in hohe Bäume oder Häuser ein, die auf feuchtem Grund stehen. Elektrischer Strom wird durch Feuchtigkeit besser geleitet als durch Luft.

5 Der abgeleitete Blitz ist ein „verästelter Linienblitz". Ein Blitz, der von einer Wolke zur anderen springt und sie von unten erhellt, ist ein „Flächenblitz".

Wie entsteht der Donner?

Ein Blitz ist sehr heiß. Schießt er durch die Luft, erhitzt er sie rundum.

Die heiße Luft dehnt sich aus und stößt ganz schnell die übrige Luft um den Blitz weg.

Durch diese raschen und heftigen Bewegungen der Luft entsteht ein lautes Geräusch: der Donner.

Warum siehst du den Blitz, bevor du es donnern hörst?

Blitz und Donner entstehen gleichzeitig, aber das Licht bewegt sich schneller durch die Luft als der Schall.

Du kannst ausrechnen, wie weit ein Gewitter von dir entfernt ist. Zähle die Sekunden zwischen Blitz und Donner.

Teile die Anzahl der Sekunden durch drei. Diese Zahl gibt an, wie viel Kilometer das Gewitter entfernt ist.

Die Jahreszeiten

Der Äquator ist eine gedachte Linie rund um die Erdmitte. In Äquatornähe ist es meist ziemlich heiß. Je näher man den Polen kommt, umso kälter wird es. Dort verteilen sich die wärmenden Sonnenstrahlen über eine größere Fläche und die Pole sind von der Sonne weiter entfernt.

Im Laufe eines Jahres dreht sich die Erde einmal um die Sonne. Da die Erdachse etwas schräg zur Umlaufbahn steht, kommt einmal die nördliche und einmal die südliche Erdhalbkugel der Sonne näher. Auf der Seite, die der Sonne näher liegt, ist dann Sommer.

Warum gibt es verschiedene Jahreszeiten?

Verschiedene Jahreszeiten gibt es, weil die eine Erdhalbkugel im Laufe des Jahres der Sonne näher ist als die andere. Jede Jahreszeit dauert etwa drei Monate. Dabei verändern sich das Wetter und die Temperaturen und die Tage werden länger oder kürzer.

1 Winter

Im Winter verteilen sich die Sonnenstrahlen über eine größere Fläche der Erdhalbkugel. Deswegen ist es dann kälter.

2 Frühling

Bis zum Frühling ist die Erdhalbkugel der Sonne etwas näher gekommen. Dadurch wird es wärmer und ist länger hell.

3 Sommer

Im Sommer kann es sehr warm werden, denn jetzt ist unsere Erdhälfte der Sonne am nächsten. Der 22. Juni ist der längste Tag des Jahres.

4 Herbst

Im Herbst hat sich der Stand der Erdhalbkugel wiederum verändert. Es wird kälter und wieder früher dunkel.

Vulkane

1

Die Erde besteht aus drei Schichten. Die äußere Schicht, die Erdkruste, ist dünn und brüchig. Der Erdmantel darunter besteht aus geschmolzenem Gestein. Der Erdkern kann nach Meinung der Wissenschaftler teils aus flüssigem, teils aus festem Matall bestehen.

Erdkruste   Erdmantel

Erdkern

2

Erdkruste

Erdmantel

Im Vergleich zur übrigen Erde ist die Erdkruste sehr dünn. Sie ist zwischen 8 und 64 Kilometer stark.

3

Erdkruste

Der Mantel unter der Kruste besteht aus heißem, flüssigem Gestein. Es ist ständig in Bewegung.

4

Magma

Dieses flüssige Gestein nennt man „Magma". Durch seine Hitze kann es darüber liegende Gesteinsschichten schmelzen.

5

Manchmal bricht Magma durch einen dünnen, brüchigen Teil der Kruste hervor. So entsteht ein Vulkan.

6

Einige Vulkane ruhen Hunderte von Jahren. Aber eines Tages schießt wieder Magma aus dem Krater: Der Vulkan bricht aus.

7

Wenn Magma aufsteigt, kühlt es ab. Die austretende Gesteinsmasse nennt man „Lava". Sie fließt an den Hängen des Vulkans herab und wird steinhart.

8

Ein Teil der Lava ist voller Gasbläschen. Daraus entsteht poröser Bimsstein, der auf dem Wasser schwimmen kann.

9

Vulkanausbrüche kann man oft über Hunderte von Kilometern hören. Als 1883 der Krakatau in Indonesien ausbrach, hörte man das noch 4700 Kilometer weiter in Australien.

10

Das heiße Magma reißt ein Loch in die Erdkruste. Das ist der Krater.

11

Bei jedem Ausbruch lagert sich Lava in Schichten am Kraterrand ab. So entsteht die Kegelform des Vulkans.

Leben am Erdboden

Wenn du unter Steinen, in Blüten und im Gras genau nachschaust, kannst du viele Tiere entdecken, die nahe an der Erdoberfläche leben.

Würmer fressen verrottende Pflanzen, verdauen sie und scheiden die Überreste wieder aus. Das verbessert den Boden und fördert den Pflanzenwuchs.

Dies ist ein Schnitt durch den Erdboden, knapp unter der Oberfläche.

Regenwürmer ziehen manchmal Blätter in den Boden und fressen sie dort.

Erde besteht aus vielen kleinen Teilchen: aus verwittertem Gestein und verrotteten Pflanzen. Ein guter Boden braucht Luft zwischen den einzelnen Teilchen, damit sich die Pflanzenwurzeln ausbreiten können.

Tiere, die im Verborgenen leben

Lege ein Brett auf den Rasen. Lass es einige Wochen dort kiegen und hebe es dann hoch.

Vermutlich wirst du da Würmer und andere kleine Tiere finden, die an kühlen, dunklen Orten leben.

Nackt- und Schnirkelschnecken mögen junge Pflanzen. Du findest sie am leichtesten nach einem Regen, wenn es kühl und feucht ist.

Nacktschnecke

Schnirkelschnecke

Holzläuse leben auf abgefallenen Ästen und Zweigen, da sie vermoderndes Holz fressen.

Fliegenpilz (giftig)

Holzlaus

Pilze tragen ihre Samen, die Sporen, im Hut. Im Boden breiten sie ein Geflecht weißer Wurzelfäden aus.

Die Wurzeln einiger Bäume haben Ausläufer, die wieder aus dem Boden herauswachsen. Daraus entstehen neue Bäume.

Maulwürfe leben unter der Erde und graben lange Gänge. Die ausgegrabene Erde werfen sie zu Maulwurfshaufen auf.

Ameisen

Ameisennest

Diese Ameise ist etwa 10-mal so groß wie in Wirklichkeit.

Ameisen leben in großen Völkern unter der Erde. Sie bauen oft große Ameisenhaufen aus Reisigteilchen und Tannennadeln über ihrem Nest. Dorthin bringen sie ihre Eier, damit diese von der Sonne erwärmt werden.

So siehst du eine Pflanze wachsen

Rolle ein Blatt Löschpapier zusammen und stecke es in ein Marmeladeglas, sodass es an der Wand anliegt. Schiebe eine Bohne ein Stück weit zwischen Glaswand und Papier. Fülle das Glas zu einem Drittel mit Wasser. Betrachte nach ein bis zwei Tagen die Wurzeln mit einem Vergrößerungsglas. Bohnen wachsen schnell, deshalb wird bald ein Trieb aus dem Glas herauswachsen.

Raupen und Schnecken fressen gern an frischen Trieben. Aber auch schlechtes Wetter kann junge Pflanzen schädigen.

Die Wurzelhärchen saugen aus dem Boden Wasser und Mineralstoffe. Bald wächst ein Trieb aus dem Samen.

Die Blätter wachsen und fangen das Licht auf, das zum Wachstum nötig ist.

Später wachsen an den Stängeln Blüten, die wieder Samen hervorbringen. Der Kreislauf beginnt von Neuem.

Bäume

Bäume können größer und älter werden als alle anderen Lebewesen auf der Erde.

Die Blätter
Die Blätter ernähren den Baum: Sie brauchen Tageslicht, um aus Wasser und einem Bestandteil der Luft (Kohlendioxid) Nährstoffe zu bilden.

Jahresring → *Sommerholz* ← *Frühjahrsholz*

Die Rinde
Der dicke Stamm des Baumes ist mit Rinde umgeben, die den Baum vor dem Austrocknen und vor Frost schützt.

Jahresringe
Wenn ein Baum gefällt wird, sieht man an der Schnittfläche Jahresringe. Die dunklen Schichten sind im Sommer gewachsen, die hellen im Frühjahr. Zähle die dunklen Ringe, dann weißt du ungefähr, wie alt der Baum ist.

Die Wurzeln
Die Wurzeln reichen tief in den Boden. Dadurch hat der Baum einen sicheren Stand. Die Wurzeln saugen auch Wasser aus der Erde, damit der Baum wachsen kann.

Die Blüten

Auch Bäume tragen Blüten. Wenn Blütenstaub vom Wind oder von Insekten auf andere Baumblüten übertragen wird, können sich Samen für neue Bäume entwickeln.

Früchte und Samen

Einige Bäume tragen Früchte, zum Beispiel Äpfel oder Orangen. Ihre Samen stecken in der Frucht. Nüsse dagegen sind große Samen mit harter Schale.

Rinden-Rubbelbilder

Befestige ein dünnes Blatt Papier mit Klebestreifen an einem Baumstamm. Reibe vorsichtig mit einem Wachsstift über das Papier, bis sich das Rindenmuster auf dem Papier abgedrückt hat.

Baumarten kann man anhand ihrer Rinde bestimmen. Die Rubbelbilder von verschiedenen Rindenmustern kannst du in einem Heft sammeln.

So verschmutzen wir das Wasser

Flüsse, die durch Städte fließen, sind oft sehr verschmutzt. Die Menschen werfen viel Abfall hinein und leiten oft gefährliche Abwässer in die Flüsse. Pflanzen und Tiere bekommen dann nicht mehr genügend Sauerstoff zum Leben oder sterben an giftigen Chemikalien.

Von dieser Mülldeponie fällt eine Menge Unrat ins Wasser.

Manche Fabriken leiten Abwässer in den Fluss.

Aus einem verunglückten Tankwagen fließt Öl ins Wasser.

Der Regen spült giftige Pflanzenschutzmittel in den Fluss.

Wissenschaftler untersuchen, wie stark das Wasser verschmutzt ist. Neue Gesetze sollen die Gewässer vor Verunreinigung schützen.

Erreicht ein Fluss das Meer, fließt er langsamer und kann Sand und Geröll nicht mehr weitertragen.

In der Mündung lagert sich der Schwemmsand ab. Es entstehen kleine Inseln, die ein Delta bilden.

Einen Kanal erkennt man an seinem geraden Lauf. Er dient der Schifffahrt als Wasserweg, wo kein Fluss vorhanden ist.

Leben im Meer

Drei Viertel der Erdoberfläche sind mit Wasser bedeckt. Tausende von Tierarten leben im Meer.

Delfine sind Säugetiere, keine Fische. Deshalb müssen sie auch an der Wasseroberfläche Luft holen.

Es gibt Millionen winziger Pflanzen und Tierchen im Wasser. Man nennt sie „Plankton". Nut wenige kann man ohne Mikroskop sehen. Viele Fische ernähren sich von Plankton.

Das ist ein Hai. Haie haben scharfe Zähne und kräftige Kiefer.

Wale sind die größten Tiere unserer Zeit. Sie können bis zu 33 Meter lang und 150 Tonnen schwer werden. Das ist so viel wie 150 Kleinwagen.

Ein Krake hat achte Arme, die viele Saugnäpfchen tragen. Damit fängt er Krebse und Muscheln.

Wie lang – wie weit – wie hoch?

Kannst du genau messen?

Um etwas genau messen zu können, brauchst du ein Lineal, ein Maßband oder einen Meterstab.

Ein Millimeter (mm) ist sehr kurz, nur halb so lang wie dieser Strich (–). Zehn Millimeter sind ein Zentimeter (cm).
Das Lineal links ist in Zentimeter eingeteilt. Hundert Zentimeter sind ein Meter (m).

Um diese Doppelseite läuft ein Drachenschwanz. Seine Schleifen haben immer 5 cm Abstand voneinander. Wie lang ist der Schwanz?

(Lösung auf Seite 116)

Messen mit den Füßen

Ohne Lineal oder Maßband kannst du zwar nicht genau messen, aber du kannst eine Länge oder Entfernung wenigstens ungefähr bestimmen. Benutze dazu deine Füße: Beim Abmessen musst du immer genau die Ferse des einen vor die Spitze des anderen Fußes setzen. Wenn du dann deinen Schuh abmisst, kannst du die Strecke ziemlich genau errechnen.

Messen mit der Hand

Spreitze deine Hand und miss den Abstand zwischen Daumen und kleinem Finger. Nun kannst du mit der Hand Längen abmessen.

Miss quer über die Hand vom Daumen zum kleinen Finger.

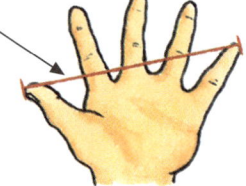

Messen mit dem Arm

Strecke deinen Arm aus und miss die Entfernung von der Nase zur Spitze des Mittelfingers. So lassen sich Stoffe oder Schnur gut abmessen.

Miss von deiner Nase bis zur Spitze des Mittelfingers.

Messen mit einer Schnur

Schwierige Formen kannst du mit einer Schnur messen.

Welcher Weg durch den Park ist der kürzeste?

(Lösung auf Seite 116)

Messen mit einem Zweig

Miss am Baumstamm vom Boden aus einen Meter ab und markiere diese Höhe gut sichtbar. Geh dann so weit von dem Baum weg, bis du ihn in voller Größe sehen kannst. Suche dir einen geraden Zweig und halte ihn vor dich.

Halte den Zweig so, dass das untere Ende mit dem Fuß des Baumes abschließt. Markiere den Zweig dann an der Stelle, wo er mit der Einmeter-Marke am Baum eine Linie bildet. Miss ab, wie oft dieses Zweigstück in die Baumhöhe passt. Das Messergebnis sagt dir ungefähr, wie hoch der Baum ist.

Hast du ein gutes Augenmaß?

(Lösung auf Seite 116)

Passt der Drachen in den Karton? Du kannst es mithilfe eines Lineals ausmessen.

Kleines Natur-Quiz

1. Woraus bestehen Wolken? Aus (1) Luft, (2) Wasser, (3) Luft und Wasser?
2. Was bewegt sich schneller durch die Luft – Licht oder Schall?
3. Warum platzen im Winter manchmal Wasserleitungen?
4. Wie nennt man den innersten Teil der Erde?
5. Wozu bauen Ameisen manchmal Hügel über ihren Nestern?
6. Woraus besteht Sand?
7. Welches sind die größten lebenden Tiere der Erde?
8. Wie viel Arme hat ein Krake?
9. Wozu haben Fische Kiemen?
10. Wie bezeichnet man eine Gruppe von vielen Fischen?
11. Warum müssen Delfine zum Atmen an die Wasseroberfläche kommen?

Lösungen zu den Fragen von Seite 115

Der Drachenschwanz ist einen Meter lang.

Der kürzeste Weg durch den Park ist der hellrot gezeichnete.

Der Drachen passt in den Karton! Und zwar so:

Lösungen zu den Fragen auf dieser Seite

1. (3) Aus Luft und Wasser
2. Das Licht ist schneller.
3. Weil das Wasser in der Leitung gefriert. Dabei dehnt es sich aus und sprengt die Leitung.
4. Erdkern
5. Damit sie ihre Eier zum Wärmen in die Sonne legen können.
6. Aus zermahlenem Gestein und Resten von Muschelschalen.
7. Wale
8. Acht Arme
9. Mit den Kiemen filtern die Fische den Sauerstoff aus dem Wasser.
10. Schwarm
11. Weil sie Säugetiere sind und daher den Sauerstoff nicht direkt aus dem Wasser aufnehmen können.

Weltraum und Raumfahrt

Hört der Himmel irgendwo auf?
Woher kommen Sternschnuppen?
Wie kommen Astronauten zur Erde zurück?
Dieses Kapitel gibt Antworten auf viele Fragen
über das Leben auf der Erde, das Geschehen
auf den Sternen und die Erforschung
des Weltraums.

Mit Raketenkraft ins All

Eine Rakete ist ein Fluggerät mit einem besonders starken Antrieb. Nur mit einem solchen Antrieb kann man die Schwerkraft überwinden und ein Raumschiff in den Weltraum bringen.
Das Bild unten zeigt ein Raumschiff mit seiner Trägerrakete.

Der obere Teil ist das Raumschiff, in dem sich die Astronauten aufhalten.

2. Raketenstufe

Unterhalb des Raumschiffs befinden sich zwei Raketen übereinander, die sogenannten Stufen.

1. Raketenstufe

Die Raketenstufen werden nacheinander gezündet. Wenn der Treibstoff einer Stufe verbraucht ist, wird sie abgeworfen und die nächste gezündet.

So funktioniert eine Rakete

Die Luft strömt aus dem Luftballon.

Der Ballon wird aufwärts getrieben.

Raketen funktionieren ähnlich wie Luftballons: Wenn du einen Luftballon aufbläst und dann loslässt, schwirrt er durch das Zimmer.

Die ausströmende Luft verursacht einen Rückstoß, der den Luftballon vorantreibt.

Eine Rakete wird von den Gasen angetrieben, die unter hohem Druck aus dem Triebwerk strömen. Die Gase werden beim Verbrennen von Raketentreibstoff erzeugt.

Sauerstofftank

Hier verbrennen Sauerstoff und Treibstoff.

Die Rakete steigt auf.

Treibstofftank

Heiße Gase strömen aus dem Triebwerk.

So wie Autos Benzin oder Diesel als Treibstoff brauchen, benötigen Raketen den Treibstoff Kerosin. Treibstoff kann nur unter Einwirkung von Sauerstoff verbrennen. Da es im Weltraum keinen Sauerstoff gibt, müssen Raketen ihren Sauerstoffvorrat in Tanks mitnehmen.

Menschen fliegen zum Mond

Einer der aufregendsten Abschnitte in der Raumforschung war die erste Landung eines Menschen auf dem Mond. Sie fand 1969 statt. Diese gewaltige, dreistufige Trägerrakete vom Typ „Saturn V" beförderte die Astronauten im Raumschiff „Apollo 11" zum Mond.

Die Mondfähre

Die Astronauten reisten in der Kommandokapsel „Columbia" des Raumschiffs. Die Kapsel umkreiste den Mond, landete dort aber nicht. Für die Landung auf dem Mond gab es ein eigenes, kleines Raumschiff: die Mondfähre „Eagle". Sie befand sich hinter der Kommandokapsel im Raumschiff.

Das Raumschiff „Apollo 11" wurde mit einer riesigen, dreistufigen Rakete gestartet.

Dieses Bild zeigt die drei Astronauten in der winzigen Kommandokapsel. Sie war der einzige Teil, der zur Erde zurückkehrte.

Der Erkundungsflug zum Mond dauerte drei Tage. Dafür wurde die Mondfähre verwendet. Die dritte Stufe der Rakete und der Laderaumbehälter für die Mondfähre blieben im All zuruck.

3. Raketenstufe | Raumschiff

Dieser Rettungsturm bringt die Kommandokapsel in Sicherheit, falls beim Start etwas passieren sollte.

Kommandokapsel

Raum für die Mondfähre

Zwei Astronauten stiegen in die Mondfähre und steuerten sie zum Mond. Auf diesem Bild sieht man die Fähre bei der Landung. Dafür hatte sie eingebaute Bremsraketen.

Nachdem die Astronauten ihre Erkundung auf dem Mond beendet hatten, flogen sie zur Kommandokapsel zurück. Diese war auf ihrer Umlaufbahn geblieben, mit dem dritten Astronauten an Bord.
Der untere Teil der Mondfähre blieb auf dem Mond zurück. Nur der obere Teil wurde gestartet und kehrte zur Kommandokapsel zurück.

Die drei Astronauten flogen in der Kommandokapsel zur Erde zurück. Zum Bremsen wurden Fallschirme benutzt.

Auf dem Mond
Bei der vierten Apollo-Mondlandung nahmen die Astronauten ein „Mondauto" mit, damit sie ein größeres Gebiet erforschen konnten.

Mondfähre

Astronaut

Mondauto

121

Was Astronauten anziehen

Solange die Astronauten an Bord des Raumschiffs sind, tragen sie keinen Raumanzug. Sobald sie jedoch das Raumschiff für einen Erkundungsgang verlassen, müssen sie einen Raumanzug anziehen. Im All gibt es keine Luft. Außerdem herrschen dort für uns unvorstellbare Temperaturen: In der Sonne ist es glühend heiß, im Schatten dagegen eiskalt.

Manchmal müssen Astronauten das Raumschiff verlassen, um außen etwas zu reparieren oder um Versuche durchzuführen.

Sie tragen Raumanzüge mit Sauerstofftanks und sind durch eine lange Leine mit dem Raumschiff verbunden.

Raumanzüge sorgen für den notwendigen Druckausgleich und für eine gleich bleibende Körpertemperatur.

Wie man einen Raumanzug anzieht

Wassergekühlte Unterwäsche

Hose des Raumanzugs

Oberteil des Raumanzugs

Zuletzt kommt der Helm.

Astronauten tragen besondere Unterwäsche, in die Kunststoffleitungen eingearbeitet sind. Durch diese Leitungen läuft Wasser. Dadurch wird die Körpertemperatur immer auf gleicher Höhe gehalten.

Raumanzüge sind recht unförmig und sie sind umständlich anzuziehen. Zuerst zieht der Astronaut die Hose an, dann steigt er in das Oberteil, das so lange noch aufgehängt ist.

Dies ist ein Raumanzug, wie er von den Astronauten der Raumfähre „Spaceshuttle" getragen wurde.

Kopfhaube *Kopfhörer* *Kugelförmiger Schutzhelm* *Äußerer Helm* *Mikrofon* *Goldschicht*

Dieser äußere Helm wird noch über den kugelförmigen Helm gestülpt. Der vordere Teil ist mit einer dünnen, vergoldeten Schutzschicht bedeckt, die wie eine Sonnenbrille wirkt.

Die Sauerstofftanks und das Spechfunkgerät befinden sich in diesem Rucksack. Der Sauerstoff reicht für sieben Stunden.

Rucksack

Astronauten, die Raumanzüge tragen, müssen über Funk miteinander sprechen. In ihrer Kopfhaube sind Kopfhörer und ein Mikrofon eingebaut. Über die Kopfhaube wird ein durchsichtiger Schutzhelm gezogen und fest mit dem Raumanzug verbunden. Der Helm wird mit Luft gefüllt, damit der Astronaut atmen kann.

Handschuh

Vom Rucksack aus wird das Wasser durch die Kunststoffleitungen der Unterwäsche gepumpt.

Ein Computer im Raumanzug zeigt an, ob alles in Ordnung ist. Der Astronaut kann dadurch erkennen, ob irgendein Teil versagt und wie der Fehler zu beheben ist.

Schuhe

Raumanzüge sind aus sehr widerstandsfähigem Material, damit sie nicht so leicht beschädigt werden.

Astronauten können sogar „auf die Toilette gehen", denn der Raumanzug ist mit einer Art Windel ausgestattet.

Verbindungsleine

Durch diese Leine ist der Astronaut mit dem Raumschiff verbunden. Die Leine ist von einer dünnen Goldschicht umhüllt.

Fahrzeuge für den Weltraum

Raumfähren sind die modernste Art von Raumschiffen. Sie können immer wieder benutzt werden. Man kann damit also mehrmals von der Erde in den Weltraum und wieder zurück fliegen.

Hier sieht man zwei der drei Haupttriebwerke einer Raumfähre. Außerdem hat sie noch kleinere Steuertriebwerke.

Die Raumfähre ist das erste Raumschiff mit Tragflügeln. Sie ermöglichen es ihr, zur Erde zurückzugleiten.

Raumfähren haben einen großen Laderaum für viele Geräte. Er kann geöffnet werden, wenn die Raumfähre ihre Umlaufbahn erreicht hat.

Raketentriebwerk

Tragflügel

Lade- und Geräteraum

So fliegt eine Raumfähre

Raumfähren haben ihre eigenen Trägerraketen. Sie brauchen aber noch zwei große Startraketen und einen zusätzlichen Treibstofftank.

Die Startraketen und der Tank werden abgeworfen, sobald der Treibstoff verbraucht ist. Die Startraketen können wieder verwendet werden.

Diese Klappen können geöffnet werden, um die Raumfähre im Weltall kühl zu halten und das Arbeitsfeld für die Messgeräte frei zu machen.

Auf diesem Bild ist die Raumfähre teilweise aufgeschnitten, damit du hineinschauen kannst.

Wohndeck und Cockpit befinden sich im vorderen Teil der Raumfähre.

Cockpit

Wohndeck

Die Raumfähre wird durch einen besonderen Belag an den Außenwänden vor Überhitzung geschützt.

Die Raumfähre wird von einem Piloten und einem Kopiloten gesteuert. Überwacht wird sie von fünf Bordcomputern und vielen Menschen in der Kontrollstation auf der Erde.

Die Raumfähre kehrt wie ein Segelflugzeug zur Erde zurück. Sie fliegt mit so hoher Geschwindigkeit, dass sie rot aufglüht.

Für die Rückkehr aus dem All braucht die Raumfähre nur etwa eine Stunde. Sie landet wie ein Flugzeug auf einer langen Landebahn.

Aufgaben der Raumfähren

Mit Raumfähren kann man Satelliten in eine Umlaufbahn bringen und beschädigte Satelliten zur Erde zurückholen.

Diese Raumfähre soll ein großes Fernrohr in eine bestimmte Erdumlaufbahn bringen. Mithilfe solcher ferngesteuerter Fernrohre werden Sterne beobachtet.

Außerdem sollen Raumfähren Wissenschaftler mit ihren Labors in eine Umlaufbahn bringen und später wieder zur Erde zurückholen.

An Bord eines Raumschiffs

Eines der ungewöhnlichsten Erlebnisse bei einem Aufenthalt im All ist die Schwerelosigkeit. Ohne Schwerkraft gibt es auch kein Oben und Unten. Gegenstände schweben also im Raum, wenn sie nicht befestigt sind.

Kontrollinstrumente

Die Astronauten schlafen in Schlafsäcken, die an der Wand befestigt sind. Sie würden sonst herumschweben.

Die Instrumente befinden sich alle in der gleichen Richtung und auf gleicher Höhe.

Schwerelosigkeit schwächt die Muskelkraft. Deshalb trainieren die Astronauten an Übungsgeräten, damit sie gesund und in Form bleiben.

Die Astronauten müssen sich bei jeder Tätigkeit festhalten, sonst würden sie sich in den freien Raum abstoßen.

Die meiste Zeit wird das Raumschiff von der Kontrollstation auf der Erde überwacht. Wenn es jedoch notwendig ist, können auch die Astronauten diese Aufgabe übernehmen.

Einigen Astronauten wird beim Raumflug zu Anfang übel. Der Grund dafür kann die Schwerelosigkeit sein.

Dies ist ein Lagerraum für die Ausrüstung. Alle Gegenstände sind in Schubladen aufbewahrt, damit sie nicht im Raum schweben.

Haltegriff

Astronauten essen normale Dosenkost. Sie wird in einem besonderen Tablett erhitzt. Beim Essen müssen sie aufpassen, dass die Bissen nicht davonschweben.

Esstablett

Sogar Flüssigkeiten schweben im All. Daher kann man dort nicht aus Tassen trinken, sondern muss Getränke mit Trinkhalmen aufsaugen.

Baden ist ein Problem: Damit das Wasser nicht davonschwebt, müssen Astronauten in einem großen Sack duschen.

Die Astronauten bewegen sich in der Schwerelosigkeit vorwärts, indem sie sich von den Wänden abstoßen und an Haltegriffen entlanghangeln.

Forschung im Weltraum

Es gibt heute viele kleine, unbemannte Raumschiffe in Umlaufbahnen nahe der Erde. Diese Raumschiffe nennt man „Satelliten". Sie sind mit Messgeräten ausgestattet und sollen die unterschiedlichsten Untersuchungen durchführen. Dieses Bild zeigt den Beobachtungssatelliten „Landsat".

Sonnensegel

„Landsat" fotografiert die Erde und sendet die Bilder an die Empfangsgeräte der Bodenstationen. Nach diesen Fotos werden zum Beispiel Landkarten angefertigt. Die Aufnahmen dienen außerdem dazu, bisher unentdeckte Lagerstätten von Bodenschätzen zu finden.

Die Kameras von „Landsat" sind auf die Erde gerichtet.

Wettersatelliten

Andere Satelliten beobachten das Wetter. Ihre Aufzeichnungen werden für die Wettervorhersage gebraucht.

Satelliten sind mit Sonnenkollektoren ausgestattet. Diese wandeln das Sonnenlicht in elektrische Energie um.

Fernsehen über Satelliten

1 Einige Satelliten dienen dazu, Fernsehsendungen von einem Teil der Erde in einen anderen zu übertragen. Das geschieht mithilfe von Radiowellen.

2 Die Radiowellen werden zu einem Satelliten im Weltraum gestrahlt. Vom Satelliten werden sie in einen anderen Teil der Erde weitergeleitet.

3 Auf der Erde werden die Wellen von großen, tellerförmigen Antennen aufgefangen – wie hier auf dem Bild. Auch die Satelliten haben solche Parabolantennen.

4 Von dort werden die Wellen zu den Antennen der Fernsehgeräte gesendet und im Gerät in Bilder und Töne zurückverwandelt. Diese lange Reise dauert nur wenige Sekunden.

Rund um die Erde

Die Erde dreht sich täglich einmal um die eigene Achse.

Die Fernsehsatelliten bewegen sich genauso schnell wie die Erde. Sie scheinen also immer an der gleichen Stelle über der Erde zu stehen.

Beobachtungssatelliten umkreisen die Erde schneller. Sie sehen die ganze Erde einmal innerhalb weniger Stunden.

Besuch auf den Planeten

Bisher sind Menschen im Weltraum nur bis auf den Mond gekommen. Zur Erforschung von Planeten, die sehr viel weiter entfernt sind, werden unbemannte Raumschiffe, sogenannte Raumsonden, eingesetzt.

Dies ist die Raumsonde „Voyager 2". Sie flog 1979 zum Jupiter, 1981 zum Saturn, 1986 zum Uranus und 1989 zum Neptun. „Voyager 2" war 12 Jahre lang im Sonnensystem unterwegs.

Mit solchen Fernsehkameras wurden Bilder aufgenommen und anschließend als Radiowellen zur Erde gesendet.

Mit dieser Antenne werden die Radiowellen zur Erde weitergeleitet.

Fernsehkameras

Botschaften vom Mars

Dieses Bild zeigt die Landesonde „Viking 1" auf dem Mars. Sie sendet Bilder und Informationen zur Erde.

Informationen und Bilder wandern als Radiowellen durch das All. Sie brauchen vom Mars bis zur Erde nur 20 Minuten.

Auf der Erde werden die Radiowellen wieder in Informationen und Bilder umgesetzt und mit Computern ausgewertet.

Verschiedene Raumsonden

„Venera 4" landete 1967 auf der Venus.

„Mariner 10" flog 1974 am Merkur vorbei.

„Viking 1" landete 1976 auf dem Mars.

Raumsonden kehren nicht auf die Erde zurück, sondern bleiben für immer im Weltraum oder auf anderen Planeten.

Die Messgeräte von „Voyager 2" haben viele Informationen über den Saturn geliefert. So wurde zum Beispiel festgestellt, woraus er besteht, wie heiß es dort ist und dass seine Ringe aus Eis sind.

Einige Raumsonden sind auf den Planeten gelandet, zu denen sie geschickt wurden. Andere, wie „Voyager 2", haben die Planeten nur umkreist.

Dies ist der Planet Saturn.

Dies sind die Ringe von Saturn.

Der Schatten der Saturnringe entsteht durch die Sonne.

Die Raumstation

Zu Beginn der Raumflüge konnten Astronauten nur wenige Tage im All bleiben. Heute leben sie über längere Zeit in der Weltraumstation „ISS" („International Space Station"). Die 450 Tonnen schwere Raumstation ISS umkreist die Erde in einer Höhe von knapp 400 Kilometern. Sie ist 108 Meter lang und 74 Meter breit. Auf der ISS werden wissenschaftliche Experimente durchgeführt. Die Astronauten beobachten sich auch selbst, um herauszufinden, wie sich der menschliche Körper im Weltraum verhält. Das ist wichtig für noch längere Weltraumflüge, zum Beispiel zum Mars.

Ferne Zukunft im Weltraum

Dieses Bild zeigt, wie es in einer Weltraumstadt aussehen könnte. In diesem ringförmigen Teil würden Menschen wohnen und arbeiten. Große Fenster lassen Sonnenlicht und Wärme herein.

Raumflughafen

Sonnensegel

Weltraumstadt
In dieser ringförmigen Röhre könnten Menschen leben. Der mittlere Teil der Weltraumstadt würde ein Industriegebiet und den Raumflughafen aufnehmen.

Leben auf dem Mars

Dieses Bild zeigt, wie eine Stadt auf dem Mars aussehen könnte. Sie liegt unter einer Kuppel, die mit Luft gefüllt ist und geheizt wird. Auf dem Mars ist es nämlich sehr kalt und es gibt nur wenig Luft.

Fantastische Reise zu den Sternen

Dieses Bild zeigt ein Raumschiff der Zukunft. Es hat unser Sonnensystem verlassen und fliegt zu einem anderen Stern. Einige Wissenschaftler nehmen an, dass es noch andere Planeten geben könnte, die der Erde ähnlich sind.

Zurzeit sind Flüge zu Sternen außerhalb unseres Sonnensystems praktisch unmöglich. Dazu sind die Entfernungen zu groß. Es würde länger als ein Menschenleben dauern, um mit einem heutigen Raumschiff dorthin zu gelangen.

Selbst der nächstgelegene Stern ist noch ungeheuer weit entfernt: Wenn die Steinzeitmenschen vor 50 000 Jahren schon mit einem modernen Raumschiff geflogen wären, hätten sie heute erst die Hälfte der Strecke dorthin zurückgelegt.

Vielleicht könnte man die Mannschaft eines solchen Sternenschiffs für den langen Flug einfrieren oder in Tiefschlaf versetzen. Computer und Roboter würden das Sternenschiff überwachen und die Mannschaft bei der Ankunft aufwecken.

Mit dem Sternenschiff durch ein „Weltraumloch"

Viele Schriftsteller und Wissenschaftler haben sich schon Gedanken darüber gemacht, wie man zu weit entfernten Sternen gelangen könnte. Dazu haben sie sich neue Möglichkeiten der Raumfahrt ausgedacht: zum Beispiel ein „Weltraumloch".

Dieser Gedanke ist etwa so zu verstehen: Das Sternenschiff würde an einer Stelle des Alls in das „Weltraumloch" hineinfliegen, käme aber nach wenigen Sekunden an einer ganz anderen Stelle wieder heraus.

Eine fliegende Weltraumstadt

Vielleicht können Menschen eines Tages andere Sterne in riesigen, fliegenden Weltraumstädten besuchen. Der Flug würde viele Generationen dauern.

In Strahlen durch das All

Es gibt auch die Idee, Menschen durch das All zu „strahlen": Sie würden für die Reise in Strahlen aufgelöst und danach wieder zusammengesetzt.

Wichtige Begriffe

Hier findest du kurze Erklärungen zu einigen Begriffen über Weltraum und Raumfahrt.

Mond
Unser Mond ist eine felsige Kugel, die sich um die Erde dreht. Die Anziehungskraft der Erde hält den Mond auf seiner Bahn. Auch einige andere Planeten haben einen oder mehrere Monde.

Planeten
Die Planeten unseres Sonnensystems sind große Kugeln aus Gestein und Gasen. Jeder Planet umkreist die Sonne auf einer eigenen Umlaufbahn. Auch die Erde ist ein solcher Planet.

Raketen
Raketen sind Fluggeräte mit einem besonders starken Antrieb. Dieser starke Antrieb ist notwendig, um die Anziehungskraft der Erde zu überwinden. Mit Raketen werden Raumschiffe und Satelliten in den Weltraum geschossen.

Raumfähren
Eine Raumfähre ist ein Raumschiff, das wieder zur Erde zurückgelangen kann. Dadurch lässt es sich mehrmals benutzen. Die erste Raumfähre, „Spaceshuttle", startete 1981 in den Weltraum.

Raumschiffe
Raumschiffe sind Fahrzeuge, die in den Weltraum fliegen. Einige Raumschiffe haben eine Besatzung an Bord; andere, zum Beispiel Satelliten, sind unbemannt.

Raumsonden
Raumsonden sind unbemannte Raumschiffe. Sie sind dazu bestimmt, andere Planeten zu erforschen. Sie sind so ausge-

rüstet, dass sie Bilder und Informationen aufnehmen und zur Erde übermitteln können.

Sonnenkollektoren
Sonnenkollektoren wandeln das Sonnenlicht in elektrischen Strom um. Damit werden die Geräte und Messinstrumente von Raumschiffen versorgt.

Sonnensystem
Unser Sonnensystem besteht aus der Sonne und den acht Planeten, die die Sonne umkreisen. Im Weltraum gibt es noch eine riesige Zahl von anderen Sonnensystemen oder Galaxien.

Sterne
Sterne sind Kugeln aus glühend heißen Gasen, die aus eigener Kraft leuchten können. Unsere Sonne ist ebenfalls ein Stern.

Sonne, Mond und Sterne

In diesem Kapitel findest du einfache
Erklärungen über unser Sonnensystem,
die Sonne, den Mond und über andere Sterne
und Planeten.

Unser Sonnensystem

Unser Sonnensystem besteht aus der Sonne, den acht Planeten, die die Sonne umkreisen, 49 Monden, die wiederum die Planeten umkreisen, den Zwergplaneten und dem Planetoidengürtel, einem Band von Gesteinstrümmern. Die Sonne ist eine riesige Kugel aus brennenden Gasen. Die Planeten sind viel kleiner und bestehen aus einem Gemisch von Gestein und Gasen oder Flüssigkeiten und Gasen. Alle Monde und Planetoiden sind feste Gesteinskörper.

Jupiter

Jupiter ist der größte Planet.

Strahlungsgürtel des Jupiter

Sonne

Merkur *Venus*

Erde

Mars

Planetoidengürtel

Die Planeten Merkur, Venus, Erde und Mars bestehen aus Gestein und Gasen. Die Erde ist der größte von diesen vier Planeten.

Das Planetenjahr: die Umlaufzeit

Der Merkur hat eine Umlaufzeit von knapp 88 Tagen.

Der Saturn hat eine Umlaufzeit von 29½ Jahren.

Alle Planeten drehen sich ständig um die Sonne. Die Zeit, die sie dafür brauchen, ist die sogenannte Umlaufzeit. Sie ist von Planet zu Planet unterschiedlich lang. Die Umlaufzeit der Erde beträgt 365¼ Tage. Planeten, die der Sonne näher sind, haben kürzere Umlaufzeiten als Planeten, die weiter von der Sonne entfernt sind.

Monde

Saturn mit einigen seiner Monde

Merkur und Venus sind die einzigen Planeten, die keine Monde haben. Die Erde hat nur einen Mond, Jupiter 16 und Saturn 23 Monde.

Saturn

Ringe des Saturn

Jupiter, Saturn, Uranus und Neptun sind riesige Planeten, viel größer als die Erde. Sie bestehen hauptsächlich aus Gasen und haben keine feste Oberfläche wie die Erde. Pluto ist ein Zwergplanet und besteht aus Eis und Gestein.

Ringe des Uranus

Uranus

Pluto

Neptun

Jupiter, Saturn und Uranus sind von Ringen umgeben.

Tag und Nacht auf den Planeten

Sonnenbeschienene Seite: Tag

Dunkle Seite: Nacht

Die Sonne erhellt eine Hälfte des Planeten.

Hier ist es Abend.

Die Planeten drehen sich auch um ihre eigene Achse, während sie die Sonne umkreisen. Dabei werden verschiedene Gebiete der Oberfläche von der Sonne beschienen. Dadurch gibt es auf allen Planeten Tag und Nacht von unterschiedlicher Dauer.

Wenn man nach dem oberen Bild ein maßstabgetreues Modell unseres Sonnensystems anfertigen wollte, so müssten die Planeten von der Modellsonne folgende Entfernungen haben:

Merkur: 38 m – etwa die halbe Breite eines Fußballfeldes.
Erde: 98 m – fast die ganze Länge eines Fußballfeldes.
Jupiter: 506 m – etwa 5-mal so lang wie ein Fußballfeld.
Pluto: 3835 m – ungefähr 45 Minuten Fußweg.

Die Sonne – unser nächster Stern

Die Sonne ist der wichtigste Stern unseres Sonnensystems. Sie hält die Planeten auf ihren Umlaufbahnen im All. Sie spendet ihnen Licht und Wärme.

Vorsicht: Schau niemals mit bloßem Auge direkt in die Sonne! Das kann deinen Augen schaden.

Dieses Bild zeigt die Sonne halb durchgeschnitten, damit du in das Innere hineinschauen kannst. Die Sonne ist kein fester Körper wie die Erde, sondern eine riesige Kugel aus glühenden Gasen (Wasserstoff und Helium). Die Gase brennen, und bei dieser Verbrennung wird Wasserstoff in Helium umgewandelt.

Die Sonne ist das heißeste Gebilde im Sonnensystem. Sie erreicht im Inneren die unvorstellbare Hitze von 15 Millionen Grad. Könnte man einen Stecknadelkopf so stark erhitzen, dann würde er jemanden töten, der 150 Kilometer weit entfernt steht.

Die Oberfläche der Sonne ist viel kälter als ihr Inneres. Die Temperatur beträgt dort etwa 6000 Grad. Das ist 60-mal heißer als siedendes Wasser.

Ein besonderer Stern?

Von Triton aus, einem von Neptuns Monden, würde man die Sonne so sehen.

Eigentlich ist unsere Sonne ein Stern wie viele andere, die du nachts sehen kannst. Sie sieht für uns jedoch anders aus, weil wir ihr näher sind als den anderen Sternen. Von weiter entfernten Planeten sieht die Sonne vielleicht eher wie ein großer heller Stern aus.

Gewaltige Gasströme schießen immer wieder von der Sonnenoberfläche in die Höhe. Diese Ausbrüche nennt man „Protuberanzen". Die gesamte Sonnenoberfläche brodelt wie kochende Suppe.

Protuberanz

Die dunklen Flecken nennt man „Sonnenflecken". Es sind Gasflächen, die kälter sind als der übrige Teil der Oberfläche. Manche dieser Sonnenflecken sind größer als die Erde.

Sonnenflecken

Die Sonne ist viel größer als alle ihre Planeten zusammen. Man bräuchte über eine Million Erden, wenn man eine leere Kugel von der Größe der Sonne füllen wollte.

Ohne Sonne gäbe es kein Leben auf der Erde. Pflanzen, Tiere und Menschen brauchen die Wärme und das Licht der Sonne zum Leben.

Protuberanzen

Die Erde zum Vergleich

Diese riesige Protuberanz wurde von Astronauten an Bord von „Skylab" beobachtet. Der Gasausbruch war viel größer als die gesamte Erde.

Wie man die Sonne beobachten kann

Fernrohr — *Blatt Papier* — *Abbild der Sonne*

Es ist gefährlich, direkt in die Sonne zu schauen. Zur Beobachtung stellt man ein Fernrohr so ein, dass das Abbild der Sonne auf ein Blatt Papier trifft.

Unser Nachbar Mond

Reflektiertes Sonnenlicht

Der Mond erscheint uns nachts als der größte und hellste Himmelskörper. Er leuchtet, obwohl er kein eigenes Licht erzeugt. Er wirft nur das Sonnenlicht zurück. Der Mond ist unser nächster Nachbar im All, er ist aber immerhin noch 384 000 Kilometer von uns entfernt. Für eine Reise zum Mond braucht man etwa so lange wie für die zehnmalige Umkreisung der Erde.

Der Mond ist viel kleiner als die Erde: 81 Monde würden so viel wiegen wie die Erde, und man bräuchte 50 Monde, um eine leere Kugel von der Größe der Erde zu füllen.

Der Mann im Mond

Viele Menschen sagen, der Mond habe ein Gesicht. Dieses „Gesicht" besteht aus dunklen Kraterlandschaften.

Die Rückseite des Mondes

Der Mond umkreist die Erde.

Raumschiff umkreist den Mond.

Der Mond braucht 27 ⅓ Tage, um die Erde einmal zu umkreisen. Dabei zeigt er uns aber immer nur eine Hälfte. Bis 1969 hatte niemand die Rückseite des Mondes gesehen. Erst dann umkreiste „Apollo 11" den Mond und sendete Bilder zur Erde.

Warum verändert der Mond seine Gestalt?

Von der Erde aus hat man den Eindruck, als verändere der Mond seine Gestalt. Aus einer dünnen Sichel wächst der Mond zum Halbmond und schließlich zum Vollmond heran. Anschließend schrumpft er wieder, bis er gar nicht mehr zu sehen ist. Dieser Vorgang dauert ungefähr einen Monat. Die verschiedenen Formen des Mondes nennt man „Phasen".

Die Mondphasen sind natürlich nicht alle gleichzeitig zu sehen!

In Wirklichkeit verändert der Mond seine Form nicht. Es sieht nur von der Erde so aus: Wir sehen nämlich verschiedene Teile der beleuchteten Mondhälfte, während der Mond die Erde umkreist. Auf den Bildern unten kannst du den Mond auf seiner Reise um die Erde verfolgen.

Die Mondphasen

Zunehmender Mond

Neumond

Halbmond

Abnehmender Mond

Vollmond

Halbmond

Wenn der Mond genau zwischen Erde und Sonne steht, können wir nichts von seiner beleuchteten Hälfte sehen („Neumond"). Die beleuchtete Hälfte wird sichtbar, wenn sich der Mond auf seiner Umlaufbahn weiterbewegt. Halbmond herrscht, wenn der Mond ein Viertel seiner Bahn zurückgelegt hat. Steht die Erde zwischen Sonne und Mond, so können wir die gesamte erleuchtete Hälfte des Mondes als Vollmond sehen.

Menschen auf dem Mond

Auf dem Mond ist vieles ganz anders als auf der Erde. Wir wissen inzwischen, wie es auf dem Mond aussieht, weil Astronauten dort gewesen sind. Das Bild zeigt eine Mondfähre und einen Astronauten auf dem Mond.

So wie wir den Mond von der Erde aus sehen können, kann man auch die Erde vom Mond aus am Himmel erkennen. Die Erde scheint ihre Form ebenso zu verändern wie der Mond, wenn man ihn von der Erde aus sieht.

Auf dem Mond ist der Himmel immer schwarz, auch tagsüber.

Mondfähre

Auf dem Mond gibt es Gebirge, flache und hügelige Gebiete, Schluchten, Krater und erloschene Vulkane. Es ist eine kahle Welt ohne Lebewesen.

Mondkrater

Es gibt zahllose große Krater auf dem Mond.

Die Astronauten mussten auf dem Mond Raumanzüge tragen und ihre Sauerstoffgeräte benutzen, weil es dort keine Luft gibt.

Die Krater können kleine Flecken sein, aber auch riesige Löcher, die größer sind als eine ganze Stadt.

Mit diesem Gerät wurden Mondbeben gemessen.

Die Krater sind wahrscheinlich durch Meteorite entstanden, die vor langer Zeit auf dem Mond aufgeschlagen sind.

Die Mondoberfläche besteht aus kahlem, grauem Gestein. Sie ist uneben und von feinem Staub bedeckt. Es ist sehr trocken dort, weil es auf dem Mond kein Wasser gibt.

Tag und Nacht auf dem Mond

Jeder Mondtag und jede Mondnacht ist 14 Erdtage lang. Die Sonne scheint während des ganzen Mondtages. Dadurch wird es auf dem Mond unglaublich heiß. In der Mondnacht ist es dunkel und kalt, viel kälter als Eis.

Spaziergang auf dem Mond

Auf dem Mond wiegt alles weniger als auf der Erde.

Auf dem Mond kann man höher springen als auf der Erde.

Die Astronauten wiegen auf dem Mond viel weniger als auf der Erde: Auf der Erde wiegt ein Astronaut in seinem Raumanzug 135 Kilogramm, auf dem Mond aber nur 23 Kilogramm.

Der Grund dafür ist die geringe Schwerkraft auf dem Mond im Vergleich mit der Schwerkraft auf der Erde. Die Schwerkraft ist diejenige Kraft, die Gegenstände zu Boden zieht.

Auf dem Mond gibt es kein Leben, weil es dort keine Luft und kein Wasser gibt. Die Astronauten haben Staub und Gesteinsproben vom Mond mitgebracht, damit Wissenschaftler sie untersuchen können.

Der Mond ist ein vollkommen stiller Ort: Man kann keine Geräusche hören, weil es keine Luft gibt, die den Schall weiterträgt.

Die Anziehungskraft des Mondes bewirkt die Gezeiten, das heißt Ebbe und Flut. An allen Meeresküsten der Erde steigt und fällt das Wasser in regelmäßigem Wechsel, etwa alle sechs Stunden.

Die Mondphasen beeinflussen auch manche Menschen. Bei Vollmond leiden sie unter Schlaflosigkeit oder sie schlafwandeln.

Pflanzen können im Mondstaub wachsen, wenn sie Luft und Wasser bekommen.

Fußspur im Mondstaub

Es gibt weder Wind noch Regen auf dem Mond. Die Fußabdrücke der Astronauten können also niemals fortgeweht oder weggespült werden.

Der Planet Merkur

Der Planet Merkur steht der Sonne am nächsten. Deswegen ist es dort tagsüber sehr heiß. Die Nächte hingegen sind sehr kalt.

Der Merkur ist ein ziemlich kleiner Planet, nur wenig größer als unser Mond. Von einem Raumschiff aus wurde der Merkur fotografiert. Die Bilder zeigten, dass er unserem Mond sehr anlich sieht.
Die Oberfläche des Merkur besteht aus staubigem, steinigem Boden mit vielen Kratern. Es gibt weder Luft noch Wasser auf dem Merkur. Er ist eine ausgetrocknete, öde Welt.

Die Merkurkrater sehen aus wie die Mondkrater.

Merkurs Tag

Morgen

Die Sonne geht langsam auf und wächst.

Mittags ist die Sonne am größten. Sie bewegt sich ein wenig rückwärts.

Die Sonne wird kleiner und geht rasch unter.

Abend

Dieses Bild zeigt die Bewegung der Sonne, vom Merkur aus gesehen. Im Laufe des Merkurtages scheint die Sonne ihre Größe und Geschwindigkeit zu ändern. Mittags sieht es so aus, als ob sie größer würde, anhielte und sich sogar rückwärts bewegte. Diese seltsame Bewegung hängt mit der Entfernung zwischen Sonne und Merkur zusammen, die sich während des Tages verändert.

Die Venus – der Hitzeplanet

Die Venus ist der heißeste Planet im Sonnensystem. Dort herrschen Temperaturen von 480 Grad. Das ist so heiß, dass ein Gegenstand sofort rot glühend würde. Die Venus ist ständig in Wolken aus giftigem Kohlendioxid-Gas eingehüllt. Diese Wolken kann das Sonnenlicht nicht durchdringen, deshalb ist es auf der Venus immer trübe.

Warum ist es auf der Venus heiß?

Die Hitze prallt von den Wolken ab.

Auf der Venus ist es so heiß, weil die schweren Wolken die Sonnenwärme speichern. Die Hitze kann aber von der Oberfläche der Venus nicht wieder entweichen.

Ein ungewöhnlicher Planet

Die Venus dreht sich andersherum als die übrigen Planeten. Sie braucht für eine Drehung um die eigene Achse sehr lang, nämlich 243 Erdtage. Für eine Umkreisung der Sonne braucht sie dagegen nur 225 Tage. Also ist ein Venustag länger als ein Venusjahr.

Für Menschen wäre es unmöglich, die Venus zu besuchen. Sie würden durch die Hitze verbrannt, vom Wind davongeblasen, von der schweren Luft erdrückt und erstickt sowie von den Gaswolken vergiftet werden.

Blitz

Schlucht

Die Atmosphäre der Venus besteht aus dem Gas Kohlendioxid. Sie ist sechzigmal schwerer als die Luft der Erde. Die Venusoberfläche ist trocken, felsig und sehr heiß. Sie weist tiefe Schluchten sowie erloschene Vulkane auf.

Gibt es Leben auf dem Mars?

Dieses Bild zeigt, wie es auf dem Mars aussieht. Der Mars wird manchmal der „Rote Planet" genannt, weil er aus rotem Gestein besteht. Das Gestein ist vom Rost so rot gefärbt. Sogar der Himmel ist durch den roten Gesteinsstaub leicht rosa.
Die Marsoberfläche ist eine felsige Wüste. Es gibt unzählig viele Felsbrocken, Krater, hohe Berge, tiefe Schluchten und Sanddünen.

Ein Marsjahr dauert fast so lang wie ein Erdjahr. Ein Tag auf dem Mars ist nur eine halbe Stunde länger als ein Erdtag.

Die Mars-Atmosphäre ist sehr dünn und besteht aus dem Gas Kohlendioxid. Der starke Wind wirbelt Staubstürme auf, die den gesamten Planeten überziehen.

Der Mars ist ungefähr halb so groß wie die Erde, aber weiter von der Sonne entfernt als die Erde. Deshalb ist es dort ziemlich kalt: Die Temperaturen liegen im Durchschnitt unter dem Gefrierpunkt.

Staubsturm

1997 landete nach einer Reise von 7 Monaten die Raumsonde „Pathfinder" auf dem Mars. An Bord war „Sojourner", ein Fahrzeug mit einer Kamera, das Tausende von Bildern von der Marsoberfläche zur Erde schickte. Außerdem konnte „Sojourner" Gesteins- und Bodenproben analysieren und die Ergebnisse zur Erde senden. Seit 2004 befinden sich die Rover „Spirit" und „Opportunity" auf dem Roten Planeten.

Die Monde des Mars

Deimos

Phobos

Der Mars hat zwei kleine Monde, Deimos (Schrecken) und Phobos (Furcht). Phobos umkreist den Mars 3-mal am Tag.

Krater

Felsen

Dünen

Viking-Raumsonde auf dem Mars

Der größte Vulkan im Sonnensystem befindet sich auf dem Mars. Er heißt Olympus Mons und ist 24 Kilometer hoch. Alle Vulkane auf dem Mars sind erloschen.

Vulkan

Feine Wolken

Der Planetoidengürtel

Zwischen den Bahnen von Mars und Jupiter bewegen sich einige Tausend kleine Himmelskörper um die Sonne. Das sind die Planetoiden (oder „Asteroiden").

Die meisten Planetoiden sind ziemlich klein, nur wenige haben mehr als 30 Kilometer Durchmesser.

Planetoiden haben unregelmäßige Formen.

Die Planetoiden sind vor etwa 4,6 Mrd. Jahren aus Staub, Gesteins- und Metallbrocken entstanden. Übrig gebliebene Brocken stürzten auf die Planeten und schlugen zum Teil tiefe Krater.

Jupiter und Saturn – die Riesenplaneten

Jupiter und Saturn sind sich sehr ähnlich. Sie bestehen beide aus verschiedenen Gasen. Dieses Bild zeigt die riesengroßen, wirbelnden Gaswolken auf dem Jupiter.

Dies ist Io, einer von Jupiters 16 Monden. Neben der Erde ist Io der einzige Himmelskörper in unserem Sonnensystem, auf dem es noch tätige Vulkane gibt.

Die Gaswolken steigen und fallen wie Wellen. Sie bilden verschiedenfarbige Bänder, weil sie aus unterschiedlichen chemischen Stoffen bestehen.

Auf dem Jupiter wehen ständig heftige Winde. Sie jagen die Wolken in wirbelnden Bändern um den Planeten.

Die Wolkendecke ist ungefähr 1000 Kilometer dick. Darunter befindet sich flüssiger Wasserstoff, den es in reinem, natürlichem Zustand auf der Erde nicht gibt.

Riesige Blitze schießen durch die Wolken.

Obwohl Jupiter und Saturn die größten Planeten sind, drehen sie sich schneller um sich selbst als die anderen Planeten. Sie brauchen beide ungefähr zehn Erdstunden für eine Drehung um die eigene Achse. Jupiter und Saturn sind sehr weit von der Sonne entfernt. Deshalb haben sie eine sehr lange Umlaufzeit: Jupiter fast 12 Erdjahre, Saturn gut 29 ½ Jahre.

Jupiter ist der Riese in unserem Sonnensystem. Man bräuchte 1300 Erden, um eine Kugel von Jupiters Größe zu füllen.

Es ist unmöglich, auf dem Jupiter zu landen. Er hat nämlich keine feste Oberfläche.

Planeten mit flachen Polen

Jupiter und Saturn sind nicht so rund wie Planeten aus Gestein. Sie sind oben und unten etwas abgeflacht und um die Mitte stärker gewölbt.

Der schwimmende Planet

Saturn besteht aus chemischen Stoffen, die leichter sind als Wasser. Folglich müsste der Saturn schwimmen können, wenn es ein Meer gäbe, das für seinen Umfang groß genug wäre.

Der Große Rote Fleck

Im Großen Roten Fleck hätten zwei Erden Platz.

Seit mehreren Hundert Jahren weht ein gewaltiger Wirbelsturm auf dem Jupiter. Wegen seiner Größe und Farbe heißt er der „Große Rote Fleck".

Die Ringe des Saturn

Um die Mitte des Planeten Saturn kreisen mehrere Ringe. Sie bestehen nicht aus einer einheitlichen festen Masse, sondern aus vielen Millionen von einzelnen Gesteins- und Eisteilchen. Die Ringe sind dünn und flach, dehnen sich jedoch sehr weit aus. Die Entfernung von einem äußeren Ende der Ringe zum gegenüberliegenden Ende ist fast so groß wie die Entfernung zwischen der Erde und unserem Mond. Jupiter und Uranus haben ebenfalls Ringe, allerdings kleinere als der Saturn.

Uranus und Neptun

Uranus und Neptun sind die am weitesten entfernten Planeten in unserem Sonnensystem. Sie sind dunkle, gefrorene Welten, denn sie sind sehr weit von der Sonne entfernt und bekommen deshalb nur sehr wenig Licht und Wärme.

Uranus und Neptun sind riesige Gasplaneten wie Jupiter und Saturn, nur etwas kleiner. Die chemischen Stoffe, aus denen sie bestehen, lassen sie grünlich blau aussehen.

Ringe des Uranus

Dies ist Uranus, der von 9 Ringen umgeben wird. Die Ringe sind kleiner als die des Saturn. Sie bestehen wahrscheinlich auch aus Gesteins- und Eisbrocken.

Schatten der Ringe

Seltsame Drehung

Uranus

Erde

Der Uranus hat eine andere Drehachse als die übrigen Planeten: Er dreht sich liegend wie ein Ball. Die anderen Planeten „stehen" auf ihrer Achse.

Lange Tage

42 Erdjahre lang Tag

42 Erdjahre lang Nacht

Da der Uranus sich im Liegen dreht, hat er außergewöhnlich lange Tage und Nächte: Sie können 42 Erdjahre lang sein.

Wir wissen nicht viel über diese drei sehr weit entfernten Planeten. Sie sind so weit weg von der Erde, dass sie auch mit besonders leistungsfähigen Teleskopen nur schwer zu sehen sind. Im Jahr 1977 wurden die Ringe um Uranus entdeckt, während die Ringe um Neptun 1989 zum ersten Mal beobachtet wurden.

Neptun

Weil Uranus und Neptun so weit von der Sonne entfernt sind, haben sie lange Umlaufzeiten. Uranus braucht 84 Erdjahre, um die Sonne einmal zu umkreisen, Neptun sogar 165 Jahre.

Uranus und Neptun drehen sich recht schnell um die eigene Achse: Uranus in fast 11, Neptun in ungefähr 16 Erdstunden.

Pluto ist kein Planet mehr!

Im August 2006 entschieden Wissenschaftler, dass Pluto ein „Zwergplanet" ist.

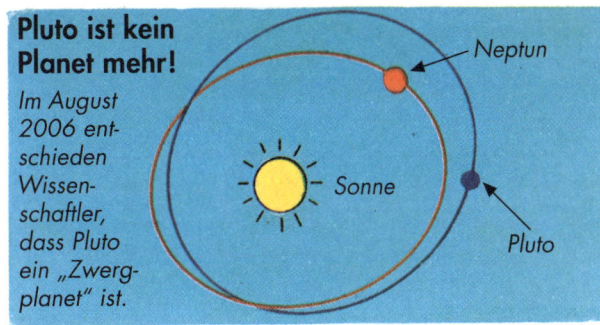

Die meiste Zeit ist Pluto von der Sonne weiter entfernt als die Planeten. Während seiner Umlaufzeit (knapp 248 Erdjahre) verläuft Plutos Bahn jedoch 20 Jahre lang innerhalb der des Neptun. In dieser Zeit ist Neptun also der entfernteste Planet. Das war zuletzt 1979.

Wie der Planet X entdeckt wurde

Bis ungefähr 1915 war Neptun der letzte bekannte Planet unseres Sonnensystems. Der Astronom Percival Lowell fand jedoch heraus, dass es noch einen Planeten hinter Neptun geben müsste. Er nannte ihn „Planet X" und suchte ihn jahrelang ohne Erfolg.

Erst als ein anderer Astronom, Clyde Tombaugh, im Jahr 1930 Sterne fotografierte, bemerkte er auf einem Bild einen „verirrten Stern".
Er stellte schließlich fest, dass er den rätselhaften Planeten X entdeckt hatte.

Kometen und Meteoriten

Kometen sind wandernde Besucher in unserem Sonnensystem. Jährlich nähern sich etwa 20 Kometen der Erde. Ohne Fernrohr kann man jedoch nur wenige erkennen, da die meisten von ihnen nicht so groß und hell sind wie hier auf diesem Bild.

Der Schweif des Kometen. Er kann auch geteilt sein.

Kometen sehen zwar so aus, als seien sie feste Körper. In Wirklichkeit bestehen sie aus Gesteinsbrocken, Gasen und Eis.

Der „Kopf" des Kometen. Man nennt ihn „Kern".

Kometen können sehr groß sein. Im Jahr 1893 erschien ein Komet, dessen Schweif sich von der Sonne bis zum Mars erstreckte.

Trümmer aus dem All

Wenn die Erde auf ihrer Bahn die Staubfelder eines Kometenschweifs durchquert, kann man diese bei Nacht aufglühen sehen. Solche Erscheinungen kennt man als „Meteoritenschwärme" oder „Sternschnuppen".

Meteoriten sind Gesteinstrümmer aus dem All. Taucht ein Meteorit in die Atmosphäre der Erde ein, dann verglüht er durch die starke Reibungshitze. Nur selten erreichen größere Meteoriten die Erde.

Große, helle Kometen kann man oft über längere Zeit beobachten.

Einige Kometen erscheinen regelmäßig: Der wohl bekannteste dieser Kometen ist der Halley'sche Komet, der alle 76 Jahre zu sehen ist. Er wird erst 2062 wieder zu beobachten sein.

So bewegt sich ein Komet im All

Auch Kometen drehen sich um die Sonne, haben aber andere Umlaufbahnen als die Planeten. Viele Kometen kommen vom äußersten Ende des Sonnensystems und umkreisen dann die Sonne.

Kometen leuchten nicht durch eigenes Licht, sondern sie werfen das Sonnenlicht zurück. Man kann ihr Leuchten erst sehen, wenn sie der Sonne ungefähr so nahe sind wie der Saturn.

Kleinere Meteoriten werden meist schon etwa 100 Kilometer über der Erde abgebremst und verglühen dann. Nur wenige große erreichen die Erde.

Häufig zerbrechen große Meteoriten beim Aufschlag. Sie schlagen dabei riesige Löcher in den Boden, sogenannte „Meteoritenkrater".

Die meisten Meteoriten sind nur so groß wie Kieselsteine, aber es gibt auch riesige. Ein Meteorit in Afrika wiegt 60 Tonnen – so viel wie 12 Elefanten.

Wie lange lebt ein Stern?

Die Sterne, die du nachts sehen kannst, sind riesige Kugeln aus heißen, glühenden Gasen. Sie sehen kleiner aus als unsere Sonne, weil sie viel weiter entfernt sind.

Sterne unterscheiden sich voneinander in Größe, Farbe, Helligkeit und Temperatur. Unsere Sonne ist ein ganz gewöhnlicher, durchschnittlich großer, gelb leuchtender Stern. Sterne können blau, weiß, gelb, orange oder rot leuchten.

Sterne können einige Milliarden Jahre alt werden. Sie verändern sich aber, wenn sie älter werden.

Unsere Sonne ist etwa in diesem Zustand.

Staub und Gase ziehen sich zusammen und erhitzen sich. Daraus wird allmählich ein heißer Klumpen, der zu glühen beginnt. Das Leben des Sterns hat begonnen.
Die Sonne war zu Anfang ein heißer blauer Stern. Mit der Zeit wuchs sie, kühlte ab, wurde gelb und entwickelte sich zu dem Stern, der uns heute scheint.

Lichtjahre entfernt ...

Die Sterne sind so weit entfernt, dass Wissenschaftler eine neue Art der Entfernungsmessung entwickeln mussten. Die neue Maßeinheit nannten sie „Lichtjahr".

Der nächstgelegene Stern ist 4 ½ Lichtjahre von uns entfernt. Viele Sterne sind viel weiter entfernt.

Pluto ist 8 Lichtstunden entfernt.

Die Sonne ist 8 Lichtminuten entfernt.

Der Mond ist 1 ½ Lichtsekunden entfernt.

Ein Lichtjahr ist die Entfernung, die das Licht in einem Jahr zurücklegt: fast 10 Billionen Kilometer. Licht bewegt sich immer mit derselben Geschwindigkeit. Es ist so schnell, dass es in einer Sekunde die Erde 7 ½ -mal umkreisen kann.
Außer der Maßeinheit Lichtjahr benutzen Wissenschaftler für kürzere Entfernungen im All die Einheiten Lichtstunden, Lichtminuten und Lichtsekunden.

Den größten Teil ihres Daseins wird die Sonne als gelber Stern verbringen: Sie scheint etwa 10 Milliarden Jahre lang ziemlich gleichmäßig. Allmählich wird sie anschwellen und sich in einen „roten Riesen" verwandeln.

Rote Riesen können über 100-mal größer sein als die Sonne. Sie sind heller, aber kälter als die Sonne. Dieser Zustand bedeutet das nahe Ende eines Sterns.

Roter Riese

Sterne wie die Sonne werden zunächst zu roten Riesen. Diese kühlen langsam ab und schrumpfen. Sie können ihre äußeren Schichten abstoßen. Dann bleiben kleine, fast tote Sterne, sogenannte „weiße Zwerge", im All zurück.

Weißer Zwerg

Schwarze Löcher
Wenn riesige Sterne bersten, hinterlassen sie sogenannte „schwarze Löcher". Diese saugen alles auf, was ihnen nahe kommt, sogar Licht.

Supernova

Neutronenstern

Neutronenstern und Gaswolke

Auch Sterne, die größer als die Sonne sind, schwellen zu roten Riesen an. Sie blähen sich auf, bis sie in einer gewaltigen Explosion zu einer Supernova werden. Meistens bleibt danach eine Wolke aus Gas und Staub zurück. In ihrer Mitte befindet sich ein kleiner, wirbelnder Neutronenstern.

Ferne Welten

Sterne sind nicht einzeln im All verstreut. Sie finden sich in riesigen Gruppen, die aus Milliarden von Sternen bestehen können. Diese Gruppen nennt man „Galaxien" oder „Milchstraßen".

Unsere Galaxis hat etwa 80 000 Lichtjahre Durchmesser.

In der Mitte einer Galaxie gibt es mehr Sterne als am Rand.

Unsere Sonne ist etwa hier.

Unsere Milchstraße besteht aus ungefähr 200 Milliarden Sternen.

Die Gestalt der Milchstraße sieht der eines Feuerrades ähnlich. Das Bild oben zeigt, wie die Milchstraße aussähe, wenn man sie im Weltall von oben oder unten betrachten könnte. Das kleine Bild unten zeigt die Milchstraße von der Seite.

Unsere Sonne ist etwa hier.

Ein galaktisches Jahr

Galaxien drehen sich ganz langsam um sich selbst. Eine vollständige Umdrehung nennt man „galaktisches Jahr". Unsere Milchstraße braucht dafür 225 Millionen Erdjahre.

Andere Galaxien

Unsere Milchstraße ist nur eine unter Millionen anderer Galaxien im All. Sie haben unterschiedliche Formen und Größen und sind sehr weit voneinander entfernt. Die unserer Milchstraße nächstgelegene Galaxie ist ungefähr 2 Millionen Lichtjahre entfernt.

Ellipsenförmige Galaxie

Spiralförmige Galaxie (wie unsere Milchstraße)

Galaxie in Form einer Balkenspirale

Unregelmäßige oder irreguläre Galaxie

Der Urknall

Die meisten Wissenschaftler glauben, dass das Universum vor rund 15 Milliarden Jahren in einer großen Explosion entstanden ist. Diese Explosion nennen sie den „Urknall". Wir wissen nicht, was vor dem Urknall war.

Als der Urknall geschah, begann alles im Weltraum in verschiedene Richtungen auseinanderzufliegen. Man nimmt an, dass sich die Galaxien aus den Brocken gebildet haben, die ins All geschleudert wurden.

Die Galaxien entfernen sich nach wie vor voneinander. Niemand weiß, ob das immer weitergehen oder irgendwann enden wird.

Wichtige Begriffe

Hier sind die wichtigsten Begriffe über die Sterne und das Weltall zusammengestellt.

Galaxie
Eine Galaxie ist eine Anhäufung von Milliarden von Sternen. Galaxien können unterschiedliche Formen und Größen haben. Es gibt mehrere Millionen Galaxien im Universum.

Kometen
Kometen umkreisen die Sonne in großen, ovalen Umlaufbahnen. Sie werden auch manchmal als „schmutzige Weltraum-Schneebälle" bezeichnet, da sie aus Eis und Gesteinsstaub bestehen.

Lichtjahre
Das Lichtjahr ist die Maßeinheit, in der große Entfernungen im All gemessen werden. Es bezeichnet die Entfernung, die das Licht innerhalb eines Erdjahres zurücklegt: fast 10 Billionen Kilometer.

Meteoriten
Ein Meteorit ist ein Gesteinsbrocken aus dem Weltraum, der sich der Erde oder einem anderen Planeten nähert. Wenn er in die Lufthülle der Erde eintaucht, verglüht er. Die Leuchterscheinung, die dabei zu sehen ist, bezeichnet man als „Meteor".

Milchstraße
Wir sind Teil einer Galaxie, die man „unsere Milchstraße", „unser Sternsystem" oder „unsere Galaxis" nennt.

Monde
Ein Mond ist eine Kugel aus Gestein, die einen Planeten umkreist. Viele Wissenschaftler nehmen an, dass die Ringe um einige der Planeten von einem Mond stammen könnten. Dieser Mond ist entweder explodiert oder hat sich nicht richtig ausbilden können.

Planetoiden
Planetoiden sind planetenähnliche Himmelskörper, die die Sonne umkreisen. Ein Gürtel aus mehreren Tausend Planetoiden befindet sich zwischen den Umlaufbahnen von Mars und Jupiter.

Rotationszeit
Alle Planeten drehen sich ständig um die eigene Achse. Die Zeit, die ein Planet für eine solche Umdrehung braucht, ist die Rotationszeit. Durch das stetige Drehen wird ständig ein anderer Teil der Planetenoberfläche der Sonne zugewandt. So entstehen auf den Planeten Tag und Nacht.

Sonnenflecken
Sonnenflecken sind dunkle Stellen auf der Oberfläche der Sonne. Sie bestehen aus Gas, das kälter ist als die übrige Oberfläche. Dadurch erscheinen diese Flecken im Gegensatz zu den heißeren Flächen dunkel.

Supernova
Eine Supernova ist ein explodierender Stern. Seit dem Jahr 1006 sind in unserer Milchstraße vier Supernovas beobachtet worden. Einige sind so hell, dass wir sie auch in anderen Galaxien erkennen können.

Umlaufzeit
Die Umlaufzeit ist die Zeit, die ein Planet braucht, um die Sonne einmal zu umkreisen. Die Planeten haben unterschiedlich lange Umlaufzeiten.

Universum
Unter dem Universum versteht man das Weltall und alles, was es darin gibt: die Millionen von Galaxien mit ihren Sternen, Planeten und Monden.

Nahrungsmittel

Wie macht man aus Kakaobohnen Schokolade? Wie wird Getreide zu Brot, Müsli oder Cornflakes verarbeitet? Schritt für Schritt werden viele Fragen mit zahlreichen Abbildungen und knappen Texten beantwortet.

Ein kurzer Überblick

Der Mensch muss viele verschiedene Nahrungsmittel zu sich nehmen, um gesund und fit zu bleiben. Hier erfährst du, woher die einzelnen Nahrungsmittel stammen und wie man sie verarbeitet, bevor sie auf deinen Teller kommen.

So fing es einmal an ...

Früher brauchte der Mensch viel Zeit, um essbare Samen und Beeren für seine Ernährung zu sammeln.

Außerdem jagte er Tiere. Häufig aber blieb die Jagd erfolglos und der Mensch litt Hunger.

Hungersnot

In einigen Gebieten der Erde, z.B. der Sahelzone (Afrika), regnet es selten. In sehr trockenen Jahren wächst kaum etwas. Die Menschen sind arm und können keine Lebensmittel aus anderen Gebieten kaufen. Oft essen sie das Saatgut, können dann nicht säen und im folgenden Jahr nicht ernten. Dann verhungern die Menschen.

Nordafrika

Später begann man Tiere zu zähmen. Der Mensch schützte sie vor Raubtieren und schlachtete sie bei Bedarf.

Außerdem lernte der Mensch, essbare Pflanzen zu züchten, indem er Samen aussäte und das Gemüse erntete, von dem er sich ernährte.

Damit verfügte man über alle nötigen Nahrungsmittel, um sich regelmäßig ernähren zu können.

Handel mit Nahrungsmitteln

Manche Pflanzen gedeihen nur in einem bestimmten Klima. So brauchen Weintrauben sehr viel Sonne, Reis viel Wasser und Wärme.

Viele Nahrungsmittel werden in andere Länder versandt. Deshalb kann man auch in kälteren Regionen Weintrauben oder Reis kaufen.

Nahrungsmittel, die eingeführt werden, nennt man Importe; Nahrungsmittel, die ausgeführt werden, Exporte.

Regentänze
Die Indianer glaubten, dass der Regen von Regengöttern geschickt wurde. Um die Götter freundlich zu stimmen, führte man Regentänze auf und hoffte auf Regen, damit die Pflanzen wuchsen.

So halten Nahrungsmittel länger
Frische Nahrungsmittel verderben leicht. Also werden sie behandelt, damit sie länger halten und genießbar bleiben.

Einlegen
Manche Nahrungsmittel werden in Essig eingelegt.

Konserven
Nahrungsmittel werden in Dosen eingelegt, die luftdicht verschlossen und erhitzt werden.

Einfrieren
Dadurch bleiben Nahrungsmittel lange haltbar.

Trocknen
Nahrungsmittel wie Früchte oder Getreide können getrocknet werden.

Brot

Hast du schon einmal darauf geachtet, wie viele verschiedene Brotsorten es gibt? Das Bild rechts zeigt eine kleine Auswahl.
Brot besteht vor allem aus Mehl und Wasser. Farbe und Geschmack des Brotes hängen von der Mehlsorte ab, die der Bäcker verwendet.

Was ist Mehl?
Mehl wird aus Getreidekörnern gemacht, vorwiegend aus Weizen, Roggen, Hafer oder Hirse. Die Körner werden aus den Ähren gedroschen und zu Mehl vermahlen.

Weizenähre
Weizenkorn

Wie funktioniert eine Bäckerei?

1. Mehl wird angeliefert.
2. In einer großen Maschine werden die Zutaten vermengt.
3. Der Teig wird geknetet und in kleine Teigballen zerschnitten.
4. Die Teigballen werden durch einen Gärofen bewegt. Sie haben nun die doppelte Größe.
5. Mit einer Maschine wird der Teig geknetet und in Backformen gefüllt.
6. Der Teig kommt in einen zweiten Gärofen und geht nochmals um das Doppelte auf.
7. Die Backformen kommen in einen heißen Ofen.

Selbst gebackenes Brot

Selbst gebackenes Brot schmeckt köstlich. Hier ein Rezept:

200 g Weizenmehl
200 g Vollkornmehl
1 Teelöffel Zucker
1½ Teelöffel Salz
15 g Frischhefe
¼ l warmes Wasser

1. Verrühre Hefe, Zucker und Wasser und lass den Vorteig etwas ruhen.

2. Gib dann alle weiteren Zutaten hinzu und knete sie zu einem Teig.

Backform

3. Schlage den Teig kräftig, damit die Luft entweicht. Fülle ihn in die Form.

4. Decke sie mit einem Tuch oder einer Folie zu und stelle sie an einen warmen Ort.

5. Nach einer Stunde backst du den Teig etwa 45 Minuten. Gasherd Stufe 4–5, Elektroherd 200 °C.*

Abkühlen

6. Nimm das Brot aus der Form. Klingt es hohl, wenn du gegen den Laib klopfst?

10. Das Brot wird an die Bäckereien geliefert.

9. Ein Teil wird geschnitten und verpackt.

8. Die Brote werden aus den Formen genommen und kühlen auf Blechen ab.

Warum geht der Teig auf?

Wenn du selbst Brot backst, wirst du feststellen, dass das fertige Brot größer ist als der Teig, den du in den Ofen geschoben hast. Das bewirkt die Hefe, denn sie ist ein Treibmittel. Die erwärmte Hefe setzt Gasbläschen, Kohlendioxid, frei. Sie lockern den Teig auf, sodass er aufgeht. In einer Scheibe deines Brotes kannst du viele kleine Löcher erkennen, die das Kohlendioxid verursacht hat.

*Stich kurz vor Ende der Backzeit mit einer Stricknadel in den Teig. Ist er noch „flüssig", so backe ihn weiter.

Brote ohne Hefe
Einige Brotsorten werden ohne Hefe gebacken. Sie bleiben ziemlich flach. Es handelt sich um ungesäuertes Brot. Auf der linken Seite sind solche Brote zu sehen. Welche sind es? (Lösung auf Seite 184.)

Milch und Eier

Hierzulande trinkt man meistens Kuhmilch. Eine Kuh gibt nach dem ersten Kalben Milch. Wenn man sie regelmäßig melkt, gibt sie bis zu 4000 Liter Milch im Jahr.

Auf dem Bauernhof

Auf den meisten Bauernhöfen werden die Kühe mit Melkmaschinen gemolken: Die Milch wird abgesaugt und in Kühltanks geleitet.

Täglich wird die Milch von Milchkühlwagen abgeholt und zur Molkerei gefahren.

Milchkühltank

Die Milch wird durch diesen Schlauch in den Tankwagen gesogen.

Wie Sahne gemacht wird

Milch wird in eine Zentrifuge gefüllt. Durch sehr raschesDrehen wird der Rahm von der Milch getrennt.
Eine Anzeige gibt an, wie „fett" der Rahm ist.

sehr dünn – Magerstufe
dünn – Kaffeesahne
dick – Crème fraîche
sehr dick – Crème double

Der Fettgehalt ist auf dem Becher angegeben.

Eine Molkerei muss sehr sauber und hygienisch sein.

Voller Tankwagen mit Milch von vielen Bauernhöfen

In der Molkerei
Die Milch wird auf ihre Reinheit untersucht. Dann wird die Milch kurz erhitzt und danach wieder abgekühlt.

Das nennt man pasteurisieren. Dabei werden alle schädlichen Bakterien zerstört, und die Milch bleibt länger frisch.

Die Milch wird maschinell in Tüten oder Flaschen abgefüllt, die dann verladen und in die Geschäfte gebracht werden.

Selbst gemachter Joghurt

Du brauchst:

750 ml Vollmilch

2 Teelöffel frischen naturbelassenen Joghurt

2 – 3 Esslöffel Magermilchpulver

Klein geschnittene Früchte oder Nüsse

1. Verrühre ein wenig von der Milch mit dem Joghurt.

2. Rühre die restliche Milch und das Milchpulver hinein.

3. Stelle die Schüssel zugedeckt an einen warmen Ort.

4. Gib nach etwa 12 Stunden die Früchte oder Nüsse hinzu.

Kiste mit Milchflaschen

Lastwagen mit Milchprodukten

Eier

Wir essen im Allgemeinen Hühnereier. Auf dem Eierkarton steht, wie die Hühner gehalten wurden.

- Frei laufende Hühner können sich auf dem Bauernhof frei bewegen und ernähren sich von dem, was sie finden.

- Hühner in Bodenhaltung werden in beheizten Ställen mit Streu auf dem Boden gehalten. Der Bauer versorgt sie mit Spezialfutter.

- Hühner in Legebatterien werden in Käfigen gehalten und mit Spezialfutter gefüttert. Diese Art der Tierhaltung ist Tierquälerei.

So werden Eier verpackt

Täglich werden die Eier von großen Hühnerfarmen an Verpackungsfirmen geliefert. Dort werden die Eier gewogen und durchleuchtet, um sicherzugehen, dass sie nicht angebrütet sind. Dann werden sie in Schachteln verpackt.

Eier-Frischetest

Lege das Ei in eine Schüsel mit Wasser und verfolge, was geschieht.

frisch	*älter*	*verdorben*

An einem Ende des Eies befindet sich eine Luftblase. Je älter ein Ei ist, umso größer ist die Luftblase: Das Ei schwimmt oben.

Butter, Käse und Margarine

Butter und Käse sind sogenannte Milchprodukte. Auf diesen Seiten zeigen wir, wie sie hergestellt werden. Außerdem erfährst du, wann erstmals Margarine gemacht wurde.

Die „Erfindung" der Butter

Vor langer Zeit nahm ein Mann auf eine Reise Milch in einem Lederbeutel mit und hängte ihn um den Hals seines Kamels. Der Beutel schwang hin und her. Als der Mann die Milch trinken wollte, hatte sich ein Butterkloß gebildet.

Noch vor etwa 200 Jahren goss man den abgeschöpften Rahm in ein Fass mit einem Rührstock (das Butterfass). Um Butter herzustellen, wurde der Rührstock auf und ab bewegt.

Heute kann man maschinell in einer Stunde etwa 3 Tonnen Butter herstellen.

Käse

Es gibt Tausende verschiedener Käsesorten auf der Welt. Einige sind nach dem Ort benannt, wo sie erstmals zubereitet wurden, zum Beispiel der Edamer oder der Emmentaler Käse.

Wie Käse gemacht wird

Jeder Käse wird anders hergestellt. Hier zeigen wir das Verfahren an fünf verschiedenen Sorten. Um zu erfahren, wie beispielsweise Gouda hergestellt wird, folge dem Buchstaben B.

Kennbuchstabe
- A Greyerzer
- B Gouda
- C Brie
- D Roquefort
- E Hüttenkäse

ABCD
1. Frische Milch wird pasteurisiert.

E
1. Magermilch wird pasteurisiert.

ABCDE
2. Die Milch wird in Käseformen gefüllt.

ABDE
3. Bakterien werden zugefügt. Sie lassen die Milch sauer werden.

ABCD
4. Die Milch wird erwärmt, Lab hinzugefügt, und die Milch gerinnt.

Margarine

Vor über 100 Jahren entwickelte Hippolyte Mèges Mouries die Margarine. Abgesehen von einem leicht perlenähnlichen Schimmer, sah sie aus wie Butter.

Das Wort Margarine stammt vom Griechischen „margaron" und bedeutet Perle.

Heute wird Margarine überwiegend aus Pflanzenöl hergestellt, das mit Wasser oder Magermilch versetzt wird. Bestimmte Zutaten erzielen ein butterähnliches Aussehen.

A
6. Der Bruch wird gekocht, gesalzen, in Formen gepresst, und 6 Monate im Keller aufbewahrt. Im Käse bilden sich Blasen, es entstehen Löcher.

B
6. Der Bruch wird gesalzen, in ein Tuch eingewickelt und in Formen gepresst.

Brie muss sehr flach gepresst werden, damit der Käse innen schnell reift.

C
6. Der Bruch wird stehen gelassen, bis sich an der Oberfläche Edelschimmel bildet.

D
5. Die Molke läuft nur langsam ab, damit sehr feuchter Bruch zurückbleibt.

C
5. Die Masse wird gerührt, damit ein Teil der Molke abfließen kann.

ABE
5. Die Masse wird zerteilt, damit die Molke abfließen kann.

D
6. In Spezialräumen reifen die Laibe. Man sticht mit Nadeln hinein, sodass Luft eindringt und sich Schimmel bildet.

E
Der Käse wird gereinigt und zu einer körnigen Masse gerührt.

Ende

Fisch

Fischtrawler fahren auf See hinaus und fangen die Fische mit großen Schleppnetzen. Die Fische werden sofort ausgenommen und in Kisten mit großen Mengen gehacktem Eis zu den Fischhallen gebracht. Große Trawler sind „Fischfabriken". Dort werden die Fische verkaufsfertig verarbeitet und verpackt.

Hochsee-Fischtrawler

Fischfang

Hochsee-Fischtrawler fischen im offenen küstenfernen Meer und ziehen ein Schleppnetz über den Meeresboden.
Fische, die näher an der Wasseroberfläche leben, werden mit offenen Sacknetzen gefangen. Ist das Netz voll, wird es an den Tauen, die am oberen Rand des Netzes befestigt sind, an Bord gehievt.

offenes Sacknetz

Ein Lachs-Leben

Wenn der Lachs etwa 2 Jahre alt ist, schwimmt er flussabwärts ins Meer. Zum Laichen kehrt der Lachs in seinen Geburtsfluss zurück. Er springt über Hindernisse hinweg flussaufwärts. Der Lachs erkennt seinen Geburtsfluss am Geruch.

Der Lachs überwindet auf seinem Weg viele Hindernisse.

Die meisten Lachse bleiben dann für immer an ihrem Geburtsort, nur sehr wenige verlassen ihn erneut.

Verschiedene Fischarten

Über 25 000 verschiedene Fischarten bevölkern die Meere, Flüsse, Seen und Teiche der Erde. Man unterteilt sie in drei Hauptgruppen: Süßwasserfische, Meerwasserfische und Krusten- oder Schalentiere.

Makrelen und Heringe sind Hochseebewohner.

Makrele

Sie haben entweder flache oder runde Körperformen.

Scholle

Süßwasserfische wie Forelle, Felchen und Wels leben in Seen und Flüssen.

Forelle

Krusten- oder Schalentiere wie Krabben, Garnelen oder Muscheln leben meist am Meeresboden.

Muscheln

Garnelen

Krabben

Wie Fisch konserviert werden kann

Wenn Fisch nicht bald nach dem Fang verzehrt wird, muss er verarbeitet werden. Von verdorbenem Fisch kann man eine Fischvergiftung bekommen.

Trocknen
Schon vor Jahrhunderten ließ man Fische an der Luft trocknen.

Räuchern
Der Fisch wird über ein Feuer gehängt. Geräucherter Fisch hält länger.

Tiefgefrieren
Tiefgefroren hält sich Fisch bis zu drei Monaten im Gefrierschrank.

Salzen
Bereits die Ägypter salzten Fisch, um ihn zu konservieren.

Einlegen
Der Fisch wird in Essig und Salz eingelegt, um ihn haltbar zu machen.

So werden Fischstäbchen hergestellt

1. Alle dazu verwendeten Teile werden abgetrennt und gesäubert.

2. Sie werden zu großen Blöcken tiefgefroren.

3. Maschinen schneiden sie in Stäbchenform.

tiefgefrorener Fisch

4. Sie kommen in eine Mischung aus Mehl, Bindemitteln, Wasser und Salz.

5. Sie werden mit Paniermehl bestreut.

6. Dann werden die Stäbchen kurz angebraten, damit die Umhüllung fest wird.

7. Tiefgefroren und verpackt

8. Schließlich werden sie in Kühlwagen ausgeliefert.

Fleisch

Schon immer haben Menschen Fleisch verzehrt. Man brachte den Großteil des Tages mit der Jagd auf Tiere zu, und auch heute noch gibt es Eingeborenenstämme, die auf Jagd gehen. Das Fleisch, das wir essen, stammt meist von Zuchttieren.

Verschiedene Fleischarten

Man unterscheidet zwischen dunklem und hellem Fleisch. Rind- und Lammfleisch sind dunkles Fleisch; helles Fleisch kommt von Kalb und Schwein, noch helleres von Geflügel.

Rinder werden geschlachtet, wenn sie zwischen einem und zwei Jahren alt sind.

Schweine werden geschlachtet, wenn sie ca. 100 kg wiegen.

Lämmer werden meist geschlachtet, wenn sie etwa ein Jahr alt sind.

Ente

Huhn

Truthuhn

Fleisch – vom Bauernhof bis auf den Teller

Hier kannst du die einzelnen Stationen verfolgen – von der Aufzucht bis zum Verzehr.

Bauer

Kühe und Schafe fressen vor allem Gras. Im Winter werden sie zusätzlich mit Heu und Spezialfutter gefüttert. Schweine sind „Allesfresser", aber auch sie bekommen zusätzlich ein Spezialfutter.

Viehmarkt

Der Bauer bringt lebendes Vieh zum Viehmarkt. Rinder werden einzeln verkauft, Schweine und Schafe werden gewogen und zu mehreren angeboten.

Schlachthaus

Die Tiere werden geschlachtet und bis zum Verkauf im Schlachthaus gelagert. Der kleinere Teil wird direkt an Metzger, der andere an Fleischgroßmärkte verkauft.

Das Garen von Fleisch

Vor dem Verzehr muss Fleisch gekocht, gebraten oder geschmort werden, damit es weich und zart wird.

Auf dem Grillrost kann man ein großes Stück Fleisch im Backofen braten.

Durch Kochen wird vor allem nicht sehr zartes Fleisch weich. Es wird klein geschnitten und so lange mit Flüssigkeit im Topf gegart, bis es durch ist.

Fleischscheiben brät man in einer flachen Bratpfanne mit Fett.

Beim Garen im Wok (chinesischer Topf) werden Fleisch- und Gemüsestreifen gebraten.

Beim Grillen im Haus verwendet man meist kleine, zarte Fleischstücke wie etwa Schnitzel.

Beim Grillen im Freien werden aufgespießte Fleischstücke über einem offenen Feuer gegrillt.

Beim Schmoren wird Fleisch kurz angebraten, ehe man Flüssigkeit zugibt. Dann kommt der geschlossene Topf in den Backofen.

Fleischgroßmärkte
Sie kaufen das Fleisch in großen Mengen zu günstigen Preisen ein und verkaufen es dann an die Metzger weiter. Oft kaufen die Metzger ganze Tiere.

Metzger
Die Metzger zerlegen das Fleisch, um es in kleineren Stücken zu verkaufen, und stellen außerdem aus dem Fleisch verschiedene Wurstwaren aller Art her.

Vegetarier
Einige Menschen essen kein Fleisch und keinen Fisch. Die einen lehnen es ab, dass Tiere geschlachtet werden, andere empören sich über die quälerische Massentierhaltung, und manche haben religiöse Gründe: Hindus essen kein Rindfleisch, Juden kein Schweinefleisch.

Vegetarier essen Gemüse und Getreideprodukte.

Zucker und Schokolade

Sowohl Zucker als auch Kakao gewinnt man aus bestimmten Pflanzen. Auf diesen Seiten erfährst du, wie die Pflanzen verarbeitet werden.

Zucker

Zucker wird aus Zuckerrohr oder Zuckerrüben gewonnen. Hier kannst du verfolgen, wie daraus brauner Zucker entsteht.

Zuckerrohr

Geschmack und Aussehen von Zucker aus Zuckerrohr oder Zuckerrüben sind gleich.

Im Mark der dicken Stängel ist der Zucker enthalten.

1. Die Zuckerrohre werden geschnitten und zur Zuckermühle gefahren.

2. Sie werden zerfasert und mit Walzenpressen zermahlen, sodass der Saft ausfließt.

Kalk

3. Der Saft wird mit Kalk gekocht. Schließlich erhält man Sirup und kleine Zuckerkristalle.

Zuckerrübe

Zuckerrüben gedeihen auch in kälteren Regionen.

1. Sind die Blätter entfernt, werden die Zuckerrüben zur Fabrik gefahren.

2. Dort werden sie gewaschen, geschnitten und in Wasser gegeben.

3. Der Zucker tritt aus, vermischt sich mit Wasser und wird gekocht. Dann verfährt man wie beim Zuckerrohr.

4. Eine Zentrifuge trennt die braunen Kristalle vom Sirup.

5. Zuckerkristalle werden in andere Länder verschifft und dort zu Zucker verarbeitet.

So entsteht weißer Zucker

In einer Raffinerie werden braune Zuckerkristalle in weiße verwandelt.

braune Zuckerkristalle

1. Die Kristalle werden in einen Tiegel gefüllt und mit getrockneter Melasse (Sirup) bedeckt.

2. Die Melasse wird in warmem Sirup geschmolzen und in einer Zentrifuge von den Kristallen getrennt.

3. Die Kristalle werden in Wasser gewaschen. So entfernt man alle braunen Teile und der Zucker wird weiß.

4. Der restliche Sirup wird in einem geschlossenen Behälter gekocht und kristallisiert. Wieder entsteht Zucker. Er wird getrocknet.

5. Der Zucker wird in Tüten gefüllt.

Schokolade

Schokolade wird aus Früchten des Kakaobaums gewonnen.

Kakaobohnen wachsen in großen Schoten, die gepflückt werden, sobald sie reif sind.

Schote

Bohne

Jede Schote enthält etwa 40 Bohnen.

Die Bohnen werden zur Gärung etwa 6 Tage lang unter feuchten Bananenblättern gelagert.

Danach werden sie an der Sonne getrocknet, in Säcke gefüllt und verschifft.

Dort werden die Bohnen gewaschen und geröstet. Das Innere wird herausgenommen und bildet die Kakaomasse.

Die Kakaobutter wird mit einer Walze herausgepresst.

Kakaopulver, Kakaobutter und Zucker werden zu Schokolade verarbeitet und in Formen gegossen.

Müsli und Cornflakes

Viele essen zum Frühstück Müsli oder Cornflakes. Sie werden aus verschiedenen Getreidesorten hergestellt, wie Hafer, Weizen oder Mais. Hier siehst du, wie Cornflakes gemacht werden.

1. Mais erntet man mit großen Mähdreschern. Sie trennen die Kolben von den Stängeln und lösen die Körner heraus.

2. Die Maiskörner werden in Silos gelagert.

3. Das Korninnere wird aus der Haut herausgelöst.

4. Diese Keime werden mit Malz*, Zucker und Salz vermischt und in Dampfkessel gefüllt.

5. Die heißen Keime werden getrocknet und geprüft.

6. Sie werden von Walzen zu flachen Flocken gepresst und dann in Öfen geröstet.

7. Die Cornflakes werden maschinell in Tüten luftdicht verschlossen, damit sie durch eindringende Luft nicht weich werden.

8. Die Tüten werden in Schachteln verpackt. Diese werden an Geschäfte geliefert.

*Malz gewinnt man aus gekeimtem und geröstetem Getreide, meist Gerste.

Nudeln

Nudeln werden aus Grieß hergestellt. Grieß wiederum gewinnt man vor allem aus Weizen, der grob gemahlen und gesiebt wird. Hier kannst du sehen, wie Spaghetti gemacht werden.

1. Grieß und Wasser werden in eine Mischmaschine gefüllt.

2. Dann wird die Masse durch kleine Löcher gepresst, sodass lange, nasse Spaghettistränge entstehen.

3. Die Spaghetti lässt man nun zum Trocknen hängen.

4. Sind die Spaghetti trocken und hart, werden sie geschnitten und verpackt.

Gleich gibt's Spaghetti!

Andere Nudelsorten
Mit der Presse lassen sich Nudeln in allen Größen und Formen herstellen.

Lasagne, Rigatoni, Spaghetti, Ringnudeln, runde Nudeln, Sternchennudeln, Hörnchennudeln

Hörnchennudeln
Die Presse wird mit einer Schablone ausgerüstet, die größere Löcher hat. In der Mitte befindet sich jeweils eine Spitze, sodass die Hörnchennudeln innen hohl werden.

Spaghetti in der Dose
Ein Teil der Spaghetti geht an Fabriken. Dort werden sie gekocht, zerkleinert und mit Tomatensoße in Dosen gefüllt.

Reis

90 Prozent des gesamten Reisanbaus erfolgt in China und Südasien, wo Reis zugleich Hauptnahrungsmittel ist. Der Rest stammt aus den USA. In China und Südasien wird der Reis noch immer von Hand gesetzt und verarbeitet, in den USA nimmt man dazu Maschinen.

1. Säcke mit ungeschälten Reiskörnern werden zum Keimen in Wasser gestellt.

2. Der Reis wird auf bewässerte Flächen ausgesät und wächst einen Monat.

3. Ein weiterer Acker wird bewässert. Mit Ochsen werden Furchen gezogen.

4. Die kleinen Pflanzen werden in die Furchen gesetzt.

5. Wenn die Pflanzen größer sind, wird das Reisfeld mit Wasserrädern nachgewässert.

6. Die Pflanzen werden gespritzt, um Insekten fernzuhalten.

7. Die Felder werden entwässert. Die Reisarbeiter schneiden die Reispflanzen mit Sicheln ab.

8. Der Reis wird gebündelt und zum Trocknen aufgestellt.

9. Der Reis wird von Hand gedroschen, um die Körner herauszulösen.

10. Die Körner werden gründlich gesiebt und gereinigt. Dann wird der Reis in Säcke gefüllt.

Der erste Reis in Amerika

1694 war ein Schiff aus Madagaskar mit Reis und Gewürzen an Bord auf dem Weg nach Amerika. Sturm kam auf und das Schiff musste im Hafen der Stadt Charleston Schutz suchen. Der Kapitän schenkte den Leuten zum Dank ein paar Säcke Reis. Sie säten und pflanzten den Reis an, und bald wurde in ganz Südkarolina Reis angebaut.

Verschiedene Sorten Reis

Es gibt drei Hauptsorten Reis:
- Ungeschälter Reis – schmeckt gut zu sehr würzigen Gerichten.
- Geschälter Reis – eignet sich für stark gewürzte und süße Gerichte.
- Polierter Reis – eignet sich gut für Milchreis.

Reisauflauf

Dies ist ein Rezept für einen leckeren Reisauflauf. Du brauchst:

125 g Polierter Reis
½ l Milch
60 g Zucker
2 Eier
2 Esslöffel Semmelmehl

1. Stelle den Gasherd auf Stufe 1–2.*

2. Erhitze Reis und Milch in einem Topf.

3. Lass das Ganze 10 Minuten köcheln.

4. Masse abkühlen lassen, Eier schaumig schlagen.

5. Zutaten verrühren und in eine gefettete Form geben.

6. Mit Semmelmehl bestreuen. ½ Stunde backen.

*Elektroherd: 150 °C

Getränke

Hier kannst du verfolgen, wie Getränke mit Kohlensäure hergestellt werden. Außerdem erfährst du, wo Kaffee und Tee angebaut werden.

Wissenschaftler erfinden Rezepturen für Getränke.

Getränke mit Kohlensäure

1. Zucker, Aromastoffe und Wasser werden in einem Stahlbehälter vermischt.

Tank zum Mischen

Tank mit Wasser

Der Tank muss sauber sein, damit das Getränk keimfrei bleibt.

2. Die Mischung wird aus dem Tank zu einem Förderband mit leeren Flaschen geleitet. Die entsprechende Getränkemenge wird in die Flaschen gefüllt.

3. Kohlensäure wird in die Flaschen gepumpt. Sie ist sehr kalt.

4. Gleich darauf werden die Flaschen mit Deckeln verschlossen.

5. Etiketten werden auf die Flaschen geklebt.

Kaffee

Die Früchte des Kaffeebaums sind zunächst dunkelgrün. Dann färben sie sich gelb. Bei dunkelroter Färbung sind sie reif. Man nennt sie Kaffeekirschen.

Kaffeekirschen werden am Baum gelassen, bis sie von allein herunterfallen. Sie werden gesammelt und durch Sieben von Blättern und Zweigen gesäubert.

Die Kaffeekirschen werden gewaschen und getrocknet. In einer Schälmaschine werden sie von der Haut befreit, und das sind dann die eigentlichen Kaffeebohnen.

Die Kaffeebohnen werden verschifft. Dann werden die Bohnen geröstet. Sie werden ungemahlen oder gemahlen verkauft oder zu Kaffeepulver verarbeitet.

Wo wird Kaffee angebaut?

Der Kaffeebaum braucht sehr warmes Klima. Es darf weder zu heiß noch zu kalt sein.

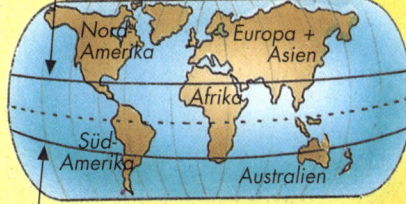

In den Tropen wird wegen des Klimas der meiste Kaffee angebaut.

Tee

Tee wächst an Sträuchern. Hauptanbaugebiete sind China und Indien. Früher wurde Tee mit besonders schnellen Segelschiffen, sogenannten Klippern, in die verschiedenen Länder befördert.

Wissenswertes und Rekorde

Brot
Die größte Brezel, die je gebacken wurde, ist etwa 10 m lang, 6 m breit und 508 kg schwer.

Lösung zu Seite 165: Pitta, Chapaty und Naan. Es sind Fladenbrote.

Milch, Käse und Butter
Der Rekord im Kuhmelken mit der Hand liegt bei 455 l Milch in 12 Stunden.

Die fünf größten Butterproduzenten sind:
Indien	1 166 000 Tonnen / Jahr
Russland	660 000 Tonnen / Jahr
USA	617 000 Tonnen / Jahr
Deutschland	455 000 Tonnen / Jahr
Frankreich	437 000 Tonnen / Jahr

Der schwerste Emmentaler wiegt 602 kg und wurde aus rund 7000 l Milch hergestellt.

Obst und Gemüse
Aus 1 g getrocknetem Chili-Pfeffer kann man rund 30 kg scharf gewürzte Soße herstellen.
Die älteste Methode, Nahrungsmittel haltbar zu machen, ist das Trocknen. Man hat getrocknete Früchte in den Gräbern der Pharaonen (Könige im alten Ägypten) gefunden.
In Belgien wurde im Jahr 2008 ein Riesenkürbis mit einem Gewicht von über 610 Kilogramm gezüchtet.

Fisch
Jährlich werden über 100 Millionen Tonnen Fisch gefangen. Den Rekord mit etwa 12 Millionen Tonnen hält Japan.
Von der größten Paella – ein spanisches Gericht aus Fisch und Reis – wurden 100 000 Menschen satt.

Fleisch
Auf dem längsten Hähnchenspieß (157 m) brieten 1500 Brathähnchen.
Vor über 50 Jahren stellte ein Mann namens Boyer zum ersten Mal „Fleischersatz" aus Sojabohnen her. Dieses Erzeugnis sieht ähnlich wie Fleisch aus und schmeckt auch ähnlich.

Zucker und Schokolade
Weltweit werden jährlich über 100 Millionen Tonnen Zucker verbraucht.
Das größte Schokoladengebäude ist 10 m hoch, 5 m breit und hat 70 cm dicke Wände. Es stellt das Olympiacenter in Barcelona für die Olympischen Spiele 1992 dar.

Müsli und Cornflakes
Der Schweizer Arzt Maximilian Bircher-Benner stellte um 1900 zum ersten Mal Müsli zusammen.
Auch Cornflakes gab es bereits im letzten Jahrhundert. Sie wurden von einem Mann namens Kellog hergestellt.

Getränke
Den höchsten Verbrauch an Kaffee hat Finnland: rund 13 kg pro Person in einem Jahr. Die Japaner trinken am wenigsten Kaffee, nämlich nur etwa 1,6 kg pro Person jährlich. England führt zehnmal so viel Tee ein wie die Bundesrepublik; dort trinkt ein Erwachsener pro Tag fünf Tassen Tee.

Alltägliche Gegenstände

Für viele stecken hinter all den Dingen
des täglichen Lebens viele Rätsel.
Wie stellt man Glas, Leder, Papier oder Seife her?
Wer sich für Dinge, die man täglich braucht,
interessiert, findet hier Antworten
auf seine Fragen.

Ölbohrinsel auf hoher See

Chemische Stoffe

Die gesamte Natur besteht aus chemischen Stoffen – Land, Wasser, Luft, Häuser, Gestein, Öl und auch unser Körper.

Aus Erdöl, Gestein und Pflanzen werden für die Anfertigung von Gegenständen bestimmte chemische Stoffe gelöst.

Arzneimittel, Kunststoffe, Farbe und Klebstoff werden chemisch gefertigt.

Dämpfe von einer Chemiefabrik

Diese chemischen Stoffe werden in Fabriken hergestellt. Die dabei frei werdenden Dämpfe sind gesundheitsschädlich.

Wenn die Energie ausgeht ...

Maschinen und Autos werden mit Energie angetrieben. Sie wird aus Erdgas, Erdöl und Kohle gewonnen.

Wie sähe unser Leben aus, wenn es kein Benzin gäbe?

Könnten wir uns sämtliche Energie aus Wasser, Wind und Sonne zunutze machen, so hätten wir weitaus mehr Energie, als wir benötigen.

Die Wissenschaft geht davon aus, dass in etwa 100 Jahren das Ölvorkommen erschöpft ist.

Windturbinen verwandeln Wind in Strom.

Wiederverwertung

Dosen, Flaschen und Papier können gesammelt und wiederverwertet werden. Man nennt dies auch Recycling. Dadurch sparen wir Energie und Chemikalien und schützen unsere Umwelt.

Glas wird in einem Glascontainer gesammelt.

Schuhe aus Leder

Schuhe können aus den verschiedensten Materialien hergestellt werden, wie etwa Leder, Kunststoff oder Stoff. Leder eignet sich jedoch am besten, weil man darin nicht so schwitzt. Leder fertigt man aus der Haut von Tieren, zum Beispiel von Rind, Kalb, Ziege oder Schaf. In Lederfabriken werden die Tierhäute behandelt und haltbar gemacht.

So wird Leder gemacht

1. Die Tierhaut wird in einem sich drehenden Fass in Wasser geweicht und mit verschiedenen Chemikalien behandelt: So lassen sich die Haare leicht abschaben.

2. Die Häute werden in Säuren und Beizen gelegt.

3. Die Häute bleiben mehrere Tage in den rotierenden Gerbfässern mit Chromsulfat. Die Häute haben dann eine bläulich grünliche Färbung.

4. Das Leder wird mit Färbemitteln und Fetten behandelt. Die Fette machen das Leder weich.

5. Das Leder wird an Glas aufgeklebt und kommt zum Trocknen in einen geheizten Tunnel.

6. Das Leder wird eingesprüht und poliert. Man kann es zusätzlich verzieren. Danach wird es zu Schuhen verarbeitet.

Das Leder wird gedehnt, um es weich zu machen.

Labels: Temperaturanzeiger; Die Häute werden ins Fass gelegt.; Wasser und Chemikalien kommen hinzu.; Ein Motor bewegt das Rad.; Der Treibriemen bringt das Fass zum Drehen.; Tierhaut; hölzernes Fass; Kontrollfenster

Tonwaren

Ton kann auf sehr verschiedene Art geformt werden. Damit Ton härtet und wasserdicht wird, muss er in einem Brennofen bei hohen Temperaturen gebrannt werden. Hier siehst du, wie Krüge maschinell hergestellt werden.

1. Ein Krug wird entworfen; davon wird ein Modell ohne Henkel angefertigt.

2. Das Modell wird in Gips eingegossen. Sobald der Gips hart ist, schneidet man ihn in der Mitte durch und nimmt das Modell heraus. So erhält man die Form des Kruges.

Die Tonmühle
Ton wird aus Erde gewonnen. In einer Tonmühle wird die Luft aus dem Ton herausgedrückt, denn Ton zerplatzt im Brennofen, wenn er Luftblasen enthält.

3. Flüssiger Ton wird in die Form gegossen. Ein Teil der Feuchtigkeit wird vom Gips aufgesogen. So bleibt eine Schicht Ton an den Innenwänden haften. Der Rest des Tons wird ausgeschüttet.

4. Man öffnet die Formen, nimmt die Krüge heraus, formt aus feuchtem Ton Henkel, befestigt sie und trocknet die Krüge.

5. Die Krüge werden im Brennofen gebrannt: Sie werden fest.

6. Die Krüge werden mit Glasur besprüht und erneut gebrannt.

7. Die Krüge werden mit Spezialfarbe bemalt und nochmals gebrannt: Die Verzierungen werden wasserfest.

So kannst du töpfern

Die Töpferscheibe
Wenn du selbst töpfern willst, kannst du eine sich drehende Töpferscheibe verwenden und mit den Händen verschiedene Formen fertigen.

Auf die Töpferscheibe kommt ein Klumpen Ton.

Mit den Fingern die Wände hochziehen.

Den Hals des Gefäßes formen.

Töpfern mit Tonplatten
Du kannst viereckige Gefäße formen, indem du eckige Tonplatten zuschneidest und diese mit frischem Ton miteinander verbindest.

Die Tonplatten zuschneiden

Die Platten zusammenfügen

ein fertiges Gefäß

Teller
Flache Teller und Platten kann man auf einer Töpferscheibe, in Gussformen oder, wie auf dem Bild, mit einer runden Metallscheibe herstellen. Man gibt flach gedrückten Ton auf ein sich drehendes Modell und erhält die Tellerform.

Ton

Form aus Gips

Tonteller

runde Scheibe aus Metall

Die Scheibe wird unten auf den Ton gedrückt und formt den Tellerboden.

„Finger-Gefäße"
Solche Gefäße kannst du aus Ton oder Plastilin nur mit den Fingern formen.

Rolle mit den Händen einen Klumpen aus Ton und drücke ein Loch in die Mitte.

Drehe das Gefäß in der Hand und ziehe die Gefäßwände nach oben.

Fahre damit so lange fort, bis das Gefäß die gewünschte Form hat.

Pullover aus Wolle

Pullover werden aus Wolle, Synthetikfasern oder einer Mischung aus Wolle und Synthetik hergestellt. Pullover aus Wolle wärmen am besten. Schafwolle muss jedoch behandelt werden, bevor daraus Kleidung gefertigt wird.

Merinowolle
Die verschiedenen Schafrassen liefern unterschiedliche Wolle. Die feinste Wolle ist die Merinowolle: Sie stammt vom Merinoschaf.

Merinoschafe hält man in Australien, Spanien, Südafrika und Amerika.

Sieh dir ein Etikett in einem Pullover an. Aus welchem Material besteht er?

Es gibt über 1 Milliarde Schafe auf der Welt, davon über 1 Million in der Bundesrepublik.

1. Scheren
Einmal im Jahr werden die Schafe geschoren. Heute verwendet man elektrische Scheren dazu. Die Schur ist nicht schmerzhaft.

2. Waschen
Schafwolle ist schmutzig und wird in Wollwaschanlagen gewaschen.

3. Entkräuseln
Danach wird sie in einer Maschine entwirrt. Man nennt diesen Vorgang entkräuseln. Schließlich bildet die Wolle lange Stränge, sogenannte Kammzüge.

4. Spinnen
In der Spinnmaschine werden die einzelnen Wollfasern miteinander versponnen. Man erhält Garn (Spinngarn), das auf Spulen aufgewickelt wird.

Kammzüge

Tuch aus Wolle

Decken und Mäntel werden ebenfalls aus Wolle gefertigt. Sie werden jedoch nicht gestrickt, sondern das Garn wird auf einem Webstuhl verwoben.

Kettfaden, *Webkamm*, *Schiffchen*, *Schuss*, *gewebtes Tuch in der Vergrößerung*

Im Webrahmen verlaufen die Kettfäden (Längsfäden) senkrecht. Der Schussfaden (Webfaden) wird auf das Schiffchen gewickelt und unter und über den Kettfäden hin und her geführt.

Wolle von anderen Tieren

Die Wolle von Kamelen ist besonders hochwertig. Sie wird auch zu Mantelstoff verarbeitet.

Aus der Wolle des in Südamerika beheimateten Lamas stellt man Bekleidung und Decken her.

Angorakaninchen haben feines, seidiges Fell. Daraus macht man weiche Kleidungsstücke.

5. Färben

Zum Färben wird das aufgespulte Garn in Färbemittel getaucht. Wenn es trocken ist, kann man das Garn verarbeiten.

Farbbottich, *Spulen mit Garn*, *Farbe*, *gefärbtes Garn*, *Strickmaschine*, *gestrickte Maschen vergrößert*

6. Stricken

Die Teile eines Pullovers werden auf einer Strickmaschine gefertigt, mit der sich auch komplizierte Muster stricken lassen. Dann näht man die Teile mit der Nähmaschine zusammen. Der Pullover wird gebügelt und verpackt.

Baumwollgarne

Baumwollpflanzen gedeihen vor allem in sehr heißem Klima wie in Indien, China und Ägypten, aber auch in gemäßigten Zonen wie in Amerika.

Seidenherstellung

Seide ist ein sehr feines Material. Sie stammt von der Raupe des Seidenspinners.

Seidenschal

Seidenraupen

Kokon

Bevor sich die Seidenraupe in einen Schmetterling verwandelt, spinnt sie sich in einen Kokon (Hülle) aus einer feinen, glänzenden Faser ein. Sie liefert die Seide.

Von den Kokons wird der Seidenfaden abgehaspelt. Dann werden mehrere Fäden zusammengedreht und zu Stoff gewebt.

4. Die Stücke werden getrennt und zu langen Strängen verkämmt. Mehrere Stränge werden in einer Maschine zusammengedreht und zu kleineren Strängen „auseinander gezogen".

Streckspinnmaschine

6. Mit einer Feinspinnmaschine wird die Baumwolle zu dünnem Garn versponnen. Mehrere zusammengedrehte Fäden ergeben festes Nähgarn.

kleines Stück

Stränge

großes Stück

Feinspinnmaschine

5. In einer Spezialmaschine werden die Stränge so lange gezwirnt, bis sie dünner sind als Bleistifte.

7. Das Garn wird in eine chemische Substanz getaucht, damit es glänzt. Dann wird es gebleicht (weißes Garn) oder gefärbt und anschließend auf Plastikröllchen gespult.

Papier

Der Hauptbestandteil von Papier ist Holz, das in erster Linie aus den Wäldern Skandinaviens und Amerikas stammt. Schnell wachsende Gummibäume aus Südamerika, Spanien und Portugal finden ebenfalls Verwendung.

1. Die Bäume werden gefällt und die Rinde wird entfernt. Die Stämme werden mit Maschinen in etwa 2 cm lange Schnitzel zerkleinert.

2. Die „Schnitzel" werden mit Wasser und Chemikalien behandelt, um sie aufzuschließen. Papierbrei entsteht.

3. Um den Papierbrei zu reinigen, kocht man ihn und man gibt ihn in Bleiche, damit er weiß wird. Dann wird er erneut gewaschen.

4. Der Brei wird gestampft, um das Holz aufzufasern.

5. Der dickflüssige Faserstoff wird mit Wasser vermischt. Farbiges Papier erzeugt man mit zusätzlichen Färbemitteln.

6. Der Faserstoff läuft in der Papiermaschine über ein Förderband mit zahllosen kleinen Löchern. Das Band wird hin und her gerüttelt, damit die Fasern besser aneinanderkleben. Saugboxen saugen das Wasser auf. Die trockene Masse ist nun das Papier.

7. Es kommt auf ein Transporttuch. Walzen pressen das restliche Wasser heraus und drücken die Fasern zusammen.

8. Erhitzte Walzen trocknen das Papier. Es wird aufgerollt, dann geschnitten.

Papierfasern unter der Lupe

Holz besteht aus vielen Fasern. Indem man es kocht und Chemikalien zusetzt, wird es in winzige Teilchen zerfasert. Fügt man nun Wasser hinzu und presst es wieder heraus, kleben diese Teilchen aneinander. Man erhält Papier.

Stampfer

Faserbrei vor dem Stampfen

nach kurzer Zeit

fertiger Faserstoff

Zerreiße ein Blatt Papier: Die winzigen „Fransen" an den Rändern sind die Fasern.

Wiederverwertung von Altpapier

Löst man Altpapier in heißem Wasser auf, verwandelt es sich wieder in Papierbrei. Daraus kann man neues Papier oder Pappe herstellen. Die Wiederverwertung erfordert weniger Energie, weniger Chemikalien und weniger Holz. Der Anteil an wieder aufbereitetem Papier ist in den letzten Jahren stark angestiegen.

Kunststoff- oder wachsbeschichtetes Papier: nicht verwertbar.

Pappe oder Zeitungen sind wiederverwertbar.

So macht man Geldscheine

Für Geldscheine braucht man besonders reißfestes Papier. Man nennt es Sicherheitspapier. Außerdem haben Banknoten ein Wasserzeichen und einen Metallfaden. Darum ist Papiergeld nur schwer zu fälschen.

Ein Künstler hat einen neuen Schein entworfen. Die Vorlage wird in Stahl eingraviert. Nach diesem Muster stellt man Druckplatten her.

Metallfaden

Wasserzeichen

„Halte den Schein gegen das Licht: So erkennst du das Wasserzeichen."

Das Wasserzeichen

Es wird mit einer Maschine eingepresst, solange das Papier noch feucht ist. Dabei wird das Papier an manchen Stellen dicker bzw. dünner.

Drucken

Druckwalzen pressen die eingefärbten Platten auf Papier. So erhält man Blätter mit Banknoten. Man kann in einer Stunde 9000 Banknoten in acht verschiedenen Farben herstellen. Die Scheine werden ausgeschnitten und gebündelt.

Druckplatte aus Metall

Blatt mit Geldscheinen

Druckmaschine

Flaschen aus Glas

Flaschen, Gläser und viele andere Gebrauchsgegenstände sind aus Glas. Wird Glas stark erhitzt, wird es weich und kann beliebig geformt werden. Vor etwa 2000 Jahren erfand man das Glasblasen, sodass man hohle Gefäße herstellen konnte. Heute wird Glas meist maschinell gefertigt.

So wird Glas hergestellt

50 % Quarzsand
16 % Soda
20 % Glasbruch
14 % Kalkstein

Für Flaschen verwendet man Natronkalkglas. Dazu wird Quarzsand, Soda, Kalkstein und Glasbruch (zermahlenes Glas) vermischt.

Moderne Schmelzöfen fassen über 2000 Tonnen Glas.

Diese Mischung wird in einem Schmelzofen auf etwa 1500 °C erhitzt. Sie schmilzt und bildet eine rot glühende flüssige Masse.

Glasposten

1. Heißes, flüssiges Glas, der Glasposten, wird aus dem Ofen genommen und in eine Flaschengussform gefüllt.

Glas — Luft wird zugeführt

2. In das Glas wird Luft geblasen. Dann wird die Flasche aus der Gussform genommen und umgedreht.

3. Die Flasche kommt in eine zweite Gussform. Es wird erneut Luft hineingeblasen.

4. Die Flasche wird aus der Gussform genommen und kommt auf ein Fließband.

Diese Maschine fertigt über 200 Flaschen pro Minute.

Die erste automatische Flaschenmaschine wurde 1907 eingesetzt.

Glasblasen

Noch vor etwa 100 Jahren gab es nur Glas, das mundgeblasen war. Auch heute noch gibt es den Beruf des Glasbläsers.

Das Glas wird auf einem harten Holzbrett gleichmäßig geformt.

Die Pfeife wird weiter gedreht und der Külbel mit Metallwerkzeugen geformt. Ist das Glas abgekühlt, wird die Pfeife entfernt.

Die Glasmacherpfeife wird in einen Tiegel mit flüssigem Glas getaucht und gedreht, bis ein Glasposten daran haftet.

Ein zweiter Glasbläser erhitzt das Glas erneut und bläst es zu einem sogenannten Külbel auf.

5. Es transportiert die Flaschen in einen Abkühler. Die Temperatur wird genau überwacht, damit die Flaschen langsam abkühlen.

Dies ist ein wichtiger Vorgang, denn wenn Glas zu schnell abkühlt, zerspringt es.

Flachglas

So werden große, flache Teile aus Glas hergestellt: Flüssiges Glas wird auf eine Form gegeben und im Schmelzofen auf 1000 °Celsius erhitzt. Das Glas bleibt dabei nicht an der Form haften.

Abgekühlte Flaschen sind fest und durchsichtig.

Beschädigte und gebrauchte Flaschen können wiederverwertet werden. Das Glas wird wieder eingeschmolzen und erneut verwendet.

Das Glas kühlt auf der Form ab. Bei 600 °C ist das Glas so fest, dass man es auf Gleitrollen heben und abkühlen lassen kann.

Konserven- und Getränkedosen

Konservendosen werden in erster Linie aus Weißblech hergestellt; das ist dünnes Stahlblech mit einer Zinnschicht auf beiden Seiten. Reines Zinn zu verwenden, wäre zu teuer. Schon eine dünne Schicht verhindert, dass das Stahlblech rostet. So verderben Lebensmittel nicht.

1. Das Weißblech läuft durch Walzen und wird zum Schutz mit einem Lack überzogen.

2. Die Bleche werden in Streifen und auf die gewünschte Größe zurechtgeschnitten.

3. Die Teile werden auf Metallwalzen rund gebogen, die Enden mit heißem, weichem Metall aneinandergelötet.

4. Die Böden werden nach außen gebogen.

5. Die runden Deckel und Böden werden von einer anderen Maschine aus Weißblech gestanzt.

6. Die Bodenkanten werden hochgebogen. In den Falz wird Leim gepresst. Eine Maschine verbindet den Boden mit der Dose.

7. Die Dosen und Deckel werden an Firmen versandt, wo sie mit Lebensmitteln gefüllt werden. Dann kommt der Deckel darauf.

Eisenherstellung
Das Dosen-Stahlblech wird aus Eisen hergestellt. Eisen wiederum wird aus Eisenerz gewonnen. Eisenerz wird zusammen mit Kalk (aus Kalkstein) und Koks (aus Steinkohle) in einen Hochofen gegeben.

Getränkedosen

Getränkedosen werden meist aus Aluminium hergestellt, das leicht und zugleich fest ist. Der Boden und die Wände werden aus einem Stück gefertigt. Es gibt große Nachteile: Bei der Herstellung wird sehr viel Energie verbraucht und es fallen viele giftige Schadstoffe an.

Das Muster wird auf die fertig geformte Dose geprägt. Der Deckel wird nach dem Füllen aufgesetzt.

Deckel

Dosenallerlei

In den USA werden jährlich 1 Million Tonnen Aluminium zu Dosen verarbeitet – so viel wiegen zwei der größten Schiffe.

Ein Haus in Lesotho, Südafrika, wurde aus alten Dosen und Farbtöpfen gebaut.

Bessere Technik: Aus einer Tonne Aluminium lassen sich heutzutage 7000 Dosen mehr herstellen als noch vor 10 Jahren.

dicke Dose

dünne Dose

Hochofen

Hier tritt Gas aus.

Verkleidung des Hochofens

Eisenerz

Hier wird heiße Luft zugeführt.

Roheisen

Roheisen

Schlacke

Dann wird heiße Luft in den Hochofen geblasen. Koks und Eisenerz verbinden sich bei 1500 °C. Es entsteht Roheisen. Der Kalk verbindet sich mit den unbrauchbaren Bestandteilen im Eisenerz und bildet die sogenannte Schlacke. Aus dem Ofen fließt unten fertiges Eisen heraus.

Stahlherstellung

Die häufigste Methode: Luft wird in das im Hochofen befindliche heiße Roheisen gepresst.

Hier wird Luft zugeführt.

Man erhält flüssigen Stahl. Der Ofen ist schwenkbar, und der flüssige Stahl kann ausgeleert werden. Stahl lässt sich dünn zu Blech für Konservendosen auswalzen.

flüssiger Stahl

LEGO®-Steine

Bestimmte Bestandteile in Stoffen wie Erdöl, Kohle und Erdgas werden chemisch herausgefiltert und umgewandelt und zum Beispiel zu Kunststoff verarbeitet. Unterschiedlich zusammengesetzte Chemikalien ergeben verschiedenartige Kunststoffe. Sie werden in Chemiefabriken hergestellt und haben die Form kleiner bunter Plastikkugeln. Man nennt sie Granulat. Daraus werden auch LEGO-Steine gefertigt.

Kunststoffherstellung

Die gesamte Natur ist aus winzigen Teilchen, den Molekülen, aufgebaut. Jedes Molekül besteht aus noch kleineren Teilchen, den Atomen. Kunststoffe werden aus sehr großen Molekülen hergestellt. Sie sind jedoch mit bloßem Auge nicht zu erkennen.

Ein Wassermolekül hat drei Atome.

Atom

Die Moleküle der verwendeten Chemikalien sind kleiner. Sie heißen Monomere.

Kunststoffmoleküle setzen sich aus Tausenden von Atomen zusammen. Hier ein Ausschnitt.

Gasmonomere braucht man für Kunststoffe.

Atom

Die großen Kunststoffmoleküle nennt man Polymere.

Monomere werden erhitzt und zusammengepresst. Sie verbinden sich zu Ketten, den Polymeren.

1. Das Granulat wird in einen Trichter gefüllt. Eine Drehschraube befördert es weiter.

Trichter → *im Ofen*

Drehschraube

2. In einem Ofen wird das Granulat auf 225 °C erhitzt. Es wird weich.

Ofen

Drehschraube

weicher Kunststoff

in der Form

Kleidung aus Kunststoff

Manche deiner Kleidungsstücke sind vielleicht aus Materialien wie Nylon, Polyester oder Acryl. Es sind synthetische Fasern, also Kunststoffe.

Pullover aus Acryl

Nylonstrümpfe

Hemden aus Polyester

Es gibt auch Chemiefasern, die aus Naturprodukten hergestellt werden, wie zum Beispiel Viskose, die aus Zellulose gewonnen wird. Diese Naturprodukte nennt man Kunstfasern.

Viskose besteht aus Zellulose.

Rock aus Viskose

Diese Fasern entstehen, indem flüssiger Kunststoff durch Spinndüsen gepresst wird.
Dieses Verfahren haben Wissenschaftler den Seidenraupen abgeschaut.

Spinndüse

winzige Löcher

Die dünnen Kunstfasern werden in warmer oder kalter Luft oder auch in Säure gehärtet.

Spinndüse

kalte Luft

flüssiger Kunststoff

Mehrere Fasern werden verzwirnt, um feste Fäden zum Weben zu erhalten.

Prüfe die Etiketten in deinen Pullis. Wie viele verschiedene Kunststofffasern findest du?

Drehschraube

Loch

Form

fertiger LEGO-Stein

Hier kommt der fertige LEGO-Stein heraus.

3. Kunststoffmasse wird in eine kalte Stahlform gepresst, die die Form des LEGO-Steins hat.

4. Der Kunststoff kühlt ab und wird in der Stahlform hart. Die Form wird geöffnet und der LEGO-Stein fällt in eine Schachtel.

Seife

Seife besteht aus Fetten und Ölen, die mit Natronlauge versetzt werden. Noch vor 30 Jahren wurde Seife in offenen Tiegeln gemacht, was jeweils eine ganze Woche dauerte.
Heute wird Seife in wenigen Stunden mit Maschinen hergestellt, die rund um die Uhr in Betrieb sind.

Fette und Öle für Seifenherstellung

Rizinusöl	5 %
Palmöl	10 %
Kokosnussöl	25 %
Tierische Fette	60 %

Zur Seifenherstellung werden pflanzliche Öle und tierische Fette verwendet.

1. Natronlauge, Fette und Öle werden in einem geschlossenen Tiegel gekocht. Er funktioniert wie ein Dampfkochtopf. Nach 15 Minuten ist die Seife gekocht.

2. In den Fetten und Ölen ist Glycerin enthalten. Bei manchen Seifen wird es durch Zusatz von Salzwasser entzogen. Glycerin vermischt sich mit dem Wasser.

3. In einer Zentrifuge wird die Mischung sehr schnell geschleudert. Seife und Wasser-Glycerin-Mischung werden getrennt.

So macht Seife sauber
Seife besteht aus Millionen von Molekülen. Jedes Molekül hat einen „Kopf" und einen „Schwanz".

Der Kopf verbindet sich mit Wasser, der Schwanz mit dem Schmutz auf der Haut, der dann abgespült wird.

4. In einem Rohrsystem werden weitere unerwünschte Bestandteile abgetrennt.

So machte man früher Seife

Heute ist Seife verhältnismäßig billig und es gibt sie in vielen Farben und Formen. Vor 400 Jahren aber war Seife sehr teuer, roch nicht besonders gut und sah schmutzigbraun oder grau aus.

Man stellte Seife aus einer Mischung aus Fetten und Asche her.

Elisabeth I.

Damals wusch man sich nur selten. Königin Elisabeth I. von England (1588 – 1603) badete einmal im Monat – das war schon höchster Luxus.

Hier kommen Seifenschnitzel heraus.

7. Parfümöle und Farbstoffe werden zugesetzt.

8. Die „Schnitzel" werden zu großen, rechteckigen Stücken zusammengepresst und weiter getrocknet.

Reinigungsgeräte

Parfümöle

Trockenapparat

6. Die Seife wird in zwei Reinigungsgeräten gesäubert. Im zweiten Gerät wird sie außerdem in kleine Schnitzel zerstoßen.

große rechteckige Seifenstücke

kalte Luft

9. Die Seife wird in kleine Stücke geschnitten und mit kalter Luft gehärtet.

Seifenstücke

5. Die flüssige Seife ist nun abgekühlt. Dann erhitzt und trocknet man sie, damit sie fester wird.

10. Das Firmenzeichen wird in die Seifenstücke geprägt, die danach eingewickelt und verpackt werden.

Bleistifte, Farbe, Klebeband und Zahnpasta

Hier erfährst du, wie man Bleistifte, Farbe, Klebeband und Zahnpasta herstellt.

Bleistifte aus Holz

1. Für die Minen mischt man Grafit (Kohlenstoff), Tonerde und Wasser und presst diese Masse durch kleine Löcher, sodass man dünne Stäbchen erhält.

2. Die Stäbchen werden geschnitten, getrocknet und gebrannt.

Minen

Brennofen

Bleistift-Härtegrade

Ein höherer Anteil Grafit in der Mine ergibt einen weichen Bleistift. Nimmt man einen höheren Anteil Tonerde, wird die Mine härter. Auf jedem Bleistift steht der jeweilige Härtegrad.

	4B	Sehr weich
	B	Weich
	HB	Mittel
	H	Hart
	2H	Mittel
	4H	Sehr hart
	7B	Extra hart

Rillen

Klebenaht *Mine*

3. Das Holz wird zu dünnen Brettchen geschnitten, in die jeweils drei Rillen gefräst werden. Dort kommt die Mine hinein.

Farbe *Stanze*

4. Darauf wird ein zweites, mit Rillen versehenes Brettchen geklebt. Beide Teile werden zusammengepresst.

5. Das Brettchen wird in drei Teile geschnitten und zu Bleistiften gedrechselt. Dann werden sie lackiert.

6. Danach werden Hersteller und Härtegrad eingestanzt. Die Bleistifte werden angespitzt und verpackt.

Klebeband

Klebeband besteht aus Kunststoff. Die Klebeschicht wird aus Kunstkautschuk und Harz* hergestellt.

Eine Seite des Klebebands wird beschichtet, damit es sich abrollen lässt.

Auf die andere Seite wird eine dünne Schicht Klebstoff aufgetragen.

Flüssigkeit *Ofen*

*Naturharz ist der Milchsaft von Kautschukbäumen, Kunstharz wird chemisch hergestellt.

Farbe

Farbe wird aus Pigmenten (Farbstoffe in Puderform) und einem Bindemittel (Flüssigkeit) hergestellt.

Pigmente können aus Gestein und Pflanzen gewonnen oder chemisch hergestellt werden.

Das Bindemittel besteht meist aus Pflanzenöl, vermischt mit natürlichem Harz, Kunstharz* oder Kunststoff.

Alle Zugaben werden gewogen und mehrere Stunden gemischt. Dann wird die Farbe in Töpfe oder Tuben gefüllt.

Verwendet man die Farbe, so trocknet sie. Das Bindemittel bildet eine feste Schicht und bindet die Pigmente.

Zahnpasta

Folgende Zusätze werden in einem Mischgerät miteinander verrührt.

1. Schlemmkreide: pulveriges Poliermittel aus Bauxit

2. Feuchthaltemittel: verhindern das Austrocknen der Zahnpasta

3. Bindemittel: aus Zellstoff; sorgt für die gute „Mischung" der Zahnpasta

4. Reinigungsmittel: reinigt die Zähne und sorgt für Schaumbildung; chemisch hergestellt

5. Keimtötende Mittel: töten Keime in der Paste ab; chemisch hergestellt

6. Fluoride: dienen der Zahnhärtung; chemisch hergestellt

7. Aromastoffe: verleihen der Paste einen angenehmen Geschmack

8. Süßstoffe: geben der Paste einen süßlichen Geschmack; chemisch hergestellt

Die Deckel werden auf die Tuben geschraubt. Die Tuben werden von unten maschinell mit Zahnpasta gefüllt. Dann werden die Enden luftdicht verschlossen.

Jede Schicht wird einzeln getrocknet.

Der Klebstoff kühlt ab und wird fest. Das Klebeband wird aufgerollt und geschnitten.

Dann wird das Klebeband auf kleinere Rollen gewickelt. Eine große Firma stellt in einer Woche mehrere Tausend Meter Klebeband her.

Wissenswertes und Rekorde

Schuhe
Schuhgrößen wurden erstmals 1792 in England eingeführt. Davor war jedes Paar einzeln nach Maß gefertigt.
Die größten Schuhe, Größe 69, kann man in der Bundesrepublik kaufen. Sie werden in kleiner Serie produziert.

Tonwaren
Vor über 5000 Jahren wurde erstmals eine Töpferscheibe verwendet. Es war ein flacher Tisch, der von Hand gedreht wurde.

Wolle
Die fünf Haupterzeuger von Wolle sind:

Australien	735 000 Tonnen/Jahr
Neuseeland	278 000 Tonnen/Jahr
China	260 000 Tonnen/Jahr
Russland	145 000 Tonnen/Jahr
Kasachstan	100 000 Tonnen/Jahr

Weltweit leben rund eine Milliarde Schafe.

Baumwolle
In einer Höhle in Mexiko wurde ein 8000 Jahre alter Baumwollstoff gefunden.
Erst vor rund 150 Jahren wurde Baumwolle zu Nähgarn verarbeitet. Vorher benutzte man Seiden- oder Leinengarn zum Nähen.

Die fünf Haupterzeuger von Baumwolle sind:

USA	4 295 000 Tonnen / Jahr
China	4 250 000 Tonnen / Jahr
Indien	2 264 000 Tonnen / Jahr
Pakistan	1 350 000 Tonnen / Jahr
Usbekistan	1 306 000 Tonnen / Jahr

Seide
Ehe man 1 kg Seide erhält, haben Seidenraupen rund 220 kg Blätter der Maulbeerbäume verspeist.
Seide ist ein so feines Material, dass für 1 m Seidenstoff 3000 Kokons benötigt werden.

Papier
Vor etwa 2000 Jahren stellten die Chinesen die ersten Zeitungen aus einem Gemisch aus Holz, Baumwolle und Stroh her.
Aus einem Baum lassen sich etwa 400 Zeitungen produzieren. In der Bundesrepublik werden pro Jahr rund 694 Millionen Tonnen Zeitungspapier verarbeitet.

Glas
Glas wurde erstmals vor etwa 5000 Jahren im Mittleren Osten gefertigt.
Die größte Flasche ist eine über 1,80 m große Whiskyflasche, die 185 Liter fasst.
Das dünnste Glas ist 0,076 mm dick und wird in den USA für Uhren mit Flüssigkristallanzeige gebraucht.

Stahl
Die größte Stahlfirma befindet sich in Japan. Sie stellt jährlich 27 Millionen Tonnen Stahl her, etwa 1/5 der Stahlproduktion Japans.

Kunststoff
Kunststoff wurde erstmals 1866 hergestellt. Man nannte es Parkesin.
Die erste Kunstfaser, Reyon, wurde 1884 gefertigt.

Bauen

Wie wurde das Haus gebaut, in dem du wohnst?
Und die Straße vor eurem Haus?
Oder die Brücke über dem Fluss? Weißt du,
wie man einen Tunnel baut, ohne dass er einstürzt?
In vielen Abbildungen und kurzen Texten wird
dir alles über das Bauwesen erklärt.

Ein kurzer Überblick

In diesem Teil erfährst du, wie Häuser, Straßen und Brücken gebaut werden.
Hier kannst du Bauarbeiter bei den verschiedenen Arbeiten beobachten, die sie am Bau ausführen.

Ein Maurer baut Mauern aus Ziegelsteinen.

Ein Zimmermann verrichtet bestimmte Holzarbeiten.

Woraus Gebäude bestehen

Zum Bauen verwendet man überwiegend Materialien wie Stein, Beton, Stahl und Holz.

Ein Taucher führt unter anderem Reparaturen unter Wasser aus.

Ein Schweißer verbindet mit einem Schweißbrenner Metallteile miteinander.

Wie es anfing

Vor vielen Tausend Jahren baute der Mensch erstmals Hütten aus Baumästen und bespannte sie zum Schutz vor Regen mit Tierfellen.

Später baute man mit Felsblöcken. Sie wurden über Baumstämme befördert. Vorn legte man jeweils die Stämme unter, die hinten frei wurden.

Vor 4000 Jahren errichteten die alten Ägypter Steinpyramiden. Sie legten Erdrampen an, über die sie die Steinblöcke nach oben zogen.

Zuerst kommt der Plan

Zunächst entwickelt jemand eine bestimmte Idee für ein Bauwerk. Dann wird ein genauer Bauplan angefertigt.

Bauplan

Ingenieure entwerfen Brückenbaupläne und müssen eine Brücke genau berechnen, damit sie nicht einstürzt.

Beachte: Alle Bauwerke können auf sehr verschiedene Weise gebaut werden. In diesem Buch wird meist nur eine Bauweise gezeigt.

Architekten fertigen Baupläne für Häuser an. Sie arbeiten dabei mit Technikern zusammen.

Architekten bemühen sich darum, Häuser so zu gestalten, dass sich die Bewohner in ihnen wohlfühlen.

Der fertiggestellte Plan wird den Bauarbeitern übergeben. Jetzt kann die Arbeit beginnen.

Säule

Vor etwa 2000 Jahren stützten die Griechen und Römer die Dächer mit Marmorsäulen ab. Die Römer waren auch gute Straßenbauer.

Winde

Im Mittelalter benutzte man Winden, mit denen man schwere Bauteile hochbeförderte. So konnte man hohe Gebäude errichten.

Moderne Techniken und Materialien ermöglichen, dass wir heute schneller und höher bauen können als die Menschen früherer Zeiten.

Steinhäuser

Um Häuser zu bauen, gibt es die unterschiedlichsten Möglichkeiten. Auf den folgenden Seiten erfährst du, wie ein Haus aus Steinen, Beton und Holz gebaut wird. Versuche herauszufinden, woraus das Haus gebaut ist, in dem du wohnst.

Bauvorbereitungen

Auf dem Plan rechts siehst du, wie das Haus aussehen soll und wie groß es wird.

Bauplan eines Hauses

1. Der Bauunternehmer berechnet, wie viele Steine und andere Materialien benötigt werden.

2. Lastwagen befördern alles zur Baustelle.

3. Die Vermesser vermessen das Grundstück. Die Ecken des Hauses markieren sie mit Holzpflöcken und Schnur.

Schnur wird an Pflöcken befestigt

mit Beton gefüllter Graben

Abflussrohr

4. In einem Zementmischer werden Zement, Kies und Wasser zu Beton vermischt.

Zement

Sand

5. Ein Bagger hebt die Erde zwischen den Schnüren aus. In die Gräben wird Beton für das Fundament gefüllt. Außerdem werden Rinnen für Abflussrohre ausgebaggert.

Die Mauern werden gebaut

Die Mauern werden auf dem Fundament errichtet. Zuerst werden die Ecken gemauert. Damit die Mauern gerade werden, spannen die Maurer Schnüre.

Hohlblocksteine

Richtschnur

Holzgerüste kennzeichnen Öffnungen für Türen und Fenster.

Hohlblockstein

Mit einer Kelle wird Mörtel zwischen die Steine gegeben.

Zwischen die Steine kommt Mörtel.

Die Wände im Haus sind aus großen Hohlblocksteinen.

Ein Experiment

Dieser Versuch zeigt, wie man etwas wasserdicht macht.

1. Tauche Küchenpapier in Wasser. Das Papier saugt sich voll.

nass *trocken*

2. Zerschneide ein zweites Stück und klebe die Hälften so zusammen, dass eine Lücke frei bleibt.

Klebestreifen
Lücke

3. Tauche das Blatt in Wasser. Oberhalb des Klebestreifens bleibt das Papier trocken.

trocken
nass

Wasser dringt auch durch Böden und Mauern. Also braucht man eine wasserundurchlässige Schicht.

So wird das Haus vor Feuchigkeit geschützt

Zwischenraum

Bitumenpappe

Metallstücke verbinden die beiden Wände miteinander und machen sie stabil.

Die Luft zwischen den Wänden hält das Haus warm und trocken.

Im Hausinnern wird eine zweite Wand eingezogen. Zwischen die beiden Wände wird in Fußbodenhöhe Teerpappe zur Isolierung eingefügt. So kann keine Feuchtigkeit in die Wände hochdringen.

Der Fußboden

Schichten aus Kies, Sand, Kunststofffolie und Beton bilden den Fußboden. Die Kunststofffolie verhindert, dass Wasser in den Fußboden hochdringt.

Beton
Kunststofffolie
Sand
grober Kies

Der erste Stock

1. Die Maurer legen Querbalken aus Holz von Wand zu Wand.

2. Auf die Balken werden Bretter genagelt: Das wird der Fußboden.

3. Unten an die Querbalken werden Gipsplatten genagelt: Sie bilden die Decke des Erdgeschosses.

Querbalken — *Decke* — *Bodenbretter* — *Gerüst*

Das Baugerüst
Das Baugerüst dient als „Klettergestell". Es besteht aus Stahlrohren. Die Maurer gelangen über Planken, die auf dem Rohrgestell aufliegen, bis nach oben.

Die Rohre werden mit Schraubklammern befestigt.

Schraube

Gipsplatte

Halt durch Rahmen
Das oben gezeigte Haus bekommt Halt durch Steinmauern. Bei manchen Häusern verwendet man dazu auch Holz, Beton oder Stahl.

Wand — *Rahmen*

Das macht man oft in den USA.

Ein Haus mit einem Holzrahmen kann mit einem Lastwagen versetzt werden.

Obere Stockwerke
Die Wände werden mit Gipsplatten eingezogen.

Die Treppe
Die Treppe wird vom Zimmermann gebaut. Der obere Teil einer Stufe heißt Auftritt, der senkrechte Setzstufe.

Das Dach wird aufgerichtet
Das Gerüst für das Dach wird aus Holzsparren gebaut. Sie ruhen auf den Wänden.

Über das Gerüst wird Dachpappe gelegt, auf die man Dachlatten nagelt.

Auf die Dachlatten werden sich überlappende Dachziegel gelegt. Von ihnen läuft der Regen in die Dachrinne ab.

Der Schornstein
Der Schornstein wird durch das Dach hochgebaut. Unten dichtet man ihn mit einem Streifen aus Metall ab. Er verhindert, dass Regen zwischen Schornstein und Dachziegeln eindringt.

Die Ziegel auf der Dachspitze nennt man Firstziegel.

Dachlatten

Dachpappe

Dachrinne

Bodenbretter (Dielen)

Setzstufe

Auftritt

Abdichtung

Fertigstellung
- Der Glaser setzt Fensterscheiben ein.
- Der Elektriker legt Leitungen.
- Der Gipser verputzt die Wände.
- Der Maler streicht die Wände.

Die Wasserrohre
Installateure verlegen im Haus Wasserrohre, die ans Wassernetz angeschlossen werden.

3. Kaltwassertank unter dem Dach*

6. Toilette

5. Wasserhähne im Bad

4. Heißwasserboiler

2. Wasserhahn in der Küche

1. Wasser vom Wasserwerk

7. Rohr für Abwasser

*Bei uns nicht üblich: Wasserdruck wird zum Beispiel durch Wassertürme gleichmäßig gehalten.

Wolkenkratzer

Das große Stahlgerüst eines Wolkenkratzers wird auf sehr stabilem Untergrund errichtet.

Fundament eines Wolkenkratzer

Wolkenkratzer sind sehr schwer und brauchen deshalb ein festes Fundament. Es wird aus Pfeilern gebaut, die tief in die Erde reichen.

Bohrung — Stahlstäbe — Pfeiler

Zuerst werden tiefe Löcher in die Erde gebohrt. In die Löcher versenkt man Stahlstäbe, dann wird Beton hineingefüllt.

Betonstangen — Pfeiler

Die Pfeiler werden mit Betonstangen verbunden. Das nennt man ein Betonpfeilerfundament.

Lange Stahlpfeiler werden auf dem Fundament errichtet. Sie bilden das Gerüst.

Hier bewegt die Laufkatze schwere Lasten hin und her.

Hochbaukran — Stahlträger — Stahlpfeiler — Sicherheitsgurt

Die Höhe eines Baukrans kann der Höhe des Bauwerks angepasst werden.

Beton — Stahlgeflecht

Mit Stahl verstärkten Beton nennt man Stahlboton.

Stahlplatte

Stahlplatten werden mit den Pfeilern verbunden und bilden die Böden. Dazu werden zunächst Stahlstangen verlegt, die ein „Geflecht" bilden. Darüber wird Beton gegossen.

Der Bau beginnt
Schotter wird auf den festen Untergrund gefüllt und mit einem Planiergerät geebnet.

Planiergerät

Weniger Steigung
Auf steilen Straßen fährt man nicht so gut. Also werden steile Hänge abgeflacht, indem Erde oben abgetragen und weiter unten wieder aufgeschüttet wird.

Hier wird Erde aufgeschüttet.

Hier wird Erde abgetragen.

Fertigstellung
1. Heißer Asphalt wird von einem sogenannten Asphaltfertiger auf den Untergrund aufgetragen und gleichmäßig verteilt.

Straßenrekorde

Die USA verfügen über das größte Straßennetz (über 6 Millionen km lang). Es würde also 162-mal um die gesamte Erde reichen.

Asphaltfertiger

Man nimmt Asphalt, weil er in heißem Zustand weich ist und härtet, sobald er abkühlt.

Hier kommt der Asphalt heraus.

Die Straßenwalze hat große, schwere Metallwalzen.

Straßenwalze

2. Eine schwere Straßenwalze walzt den Asphalt fest. Es werden mehrere Asphaltschichten aufgetragen.

3. Auf die oberste Schicht kommt Splitt. Er macht die Oberfläche rauer und griffig für Autoreifen.

Brücken

Brücken müssen so stabil sein, dass auch Lastwagen oder Züge darüber fahren können. Hier wird gezeigt, wie man eine Brücke über eine Straße baut.

1. Zunächst werden die Widerlager an den beiden Enden errichtet. Dazwischen werden dicke Brückenpfeiler gebaut.

2. Mit einem Kran werden Stahlträger auf die Betonwände gelegt.

3. Auf die Brückenbalken kommt ein Stahlgeflecht. Auf das Geflecht wird Beton gepumpt.

Steinbrücken

Früher baute man Steinbrücken mit Gewölbebögen, die miteinander verbunden wurden. So entstanden kilometerlange Brücken.

Die Bögen ruhen jeweils auf zwei dicken Widerlagern. Damit gewinnt die Brücke Stabilität, wenn sie belastet wird.

Für eine „Papierbrücke" brauchst du zwei Stapel Bücher als Widerlager. Das Papier ergibt einen stabilen Bogen.

Wie man eine Brücke über einen Fluss baut

Breite Flüsse mit einer Brücke zu überspannen, ist recht schwierig. Darum werden zunächst mehrere Stützpfeiler gebaut.

Diese Stahlseile verhindern, dass sich das Gerüst verbiegt, wenn die Laufkatze bewegt wird.

In diesem Gerüst läuft die Laufkatze.

Hebekran

Stützpfeiler

Betonteil

Flache Schleppkähne befördern die Betonteile zum Hebekran.

Die Betonteile sind innen hohl.

Stützpfeiler

Schleppkahn

Mit einem Hebekran werden die Betonfertigteile hochgehievt. Diese werden innen mit dicken Stahlseilen miteinander verbunden.

So wird die Brücke stabil

Liegen alle Betonteile an der richtigen Stelle, werden sie mit Stahlseilen verstärkt. Die Seile werden an den Enden mit Stahlplatten versehen, damit sie nicht verrutschen können. Mit einer Maschine werden die Seile gespannt, um die Betonteile fest zusammenzuziehen.

Betonteile

Stahlseil Stahlplatte

So miteinander verbundene Betonteile verschieben sich auch dann nicht, wenn Lastwagen darüberfahren.

Und wie funktioniert diese Brücke?

Nimm einen Stapel Bücher und halte ihn, indem du an beiden Enden dagegendrückst. So kannst du den ganzen Stapel mühelos hochheben, ohne dass die Bücher verrutschen.

Deine Brücke hält! Jedenfalls solange du an beiden Enden fest genug dagegendrückst.

Pfeiler
Betonverankerung
Hängegurte

So wird eine Straße gebaut

Pfeiler
Drahtgerüst

Hängegurte
Stahlkabel

Hebekran

1. Zwischen den Brückenpfeilern werden Drahtgerüste angebracht. Man entfernt sie erst, wenn die Brücke fertig ist.

2. Die Gerüste braucht man, um die Stahlkabel zwischen den Brückenpfeilern anzubringen, um Hängegurte daran zu befestigen.

3. Der Hebekran hievt Stahlfertigteile hoch. Diese Teile, die die Brückenplattform bilden, werden an den Hängegurten befestigt.

3. Die Stahlplattform ist durch stählerne Hängegurte mit dem Stahlkabel verbunden. So wird die Straße gehalten und verbiegt oder bricht nicht.

Die Plattform wird fertiggestellt

Wenn alle Stahlfertigteile angebracht sind, steigen Arbeiter in das Innere und verschweißen die Teile miteinander.
Das funktioniert so:

1. Schweißdrähte werden in die Zwischenräume gelegt.

2. Die Drähte werden elektrisch geschmolzen.

3. Das flüssige Metall füllt die Lücken aus und ist nach dem Abkühlen fest.

Stahlteil 1
Durch diese Luke gelangen die Brückenbauer in das Innere.
Nahtstelle
Stahlteil 2
Schutzmaske
Diese Wände geben den Stahlteilen zusätzlich Halt.
Schweißdraht
geschmolzenes Metall

So sehen die Stahlteile von innen aus.

Staudämme

Flüsse können über die Ufer treten oder austrocknen. Um dies zu verhindern, werden Staudämme gebaut. Ein Fluss, der durch einen Damm aufgestaut wird, bildet einen großen See, einen sogenannten Stausee.

So wird der Damm gebaut

1. Vom Fluss aus werden unterirdisch Kanäle gezogen, durch die das Wasser abfließt.

2. Mit Maschinen wird das trockene Flussbett ausgehoben, bis man auf Gestein stößt.

3. Die Staumauer wird aus Betonblöcken erstellt, die in den Gesteinsuntergrund eingebunden werden.

4. Die unterirdischen Kanäle werden mit Beton gefüllt. Das Wasser fließt wieder ins Flussbett und wird vom Damm aufgestaut. Große Wassermengen bilden ein Reservoir.

Diese Bogenstaumauer staut Billionen Tonnen Wasser.

Energiegewinnung
Schnell strömendes Wasser besitzt sehr viel Kraft. Diese Kraft wird in Wasserkraftwerken in Strom umgewandelt. Man errichtet Kraftwerke am Fuß eines Dammes und führt ihnen durch Rohre Wasser zu.

Tunnel

Ein Tunnel kann durch einen Berg, aber auch unter Flüssen, Seen, ja sogar unter dem Meer gebaut werden. Einige Tunnel sind so groß, dass Autos und Züge hindurchfahren können. Große Tunnel werden mit Spezialmaschinen gebaut, den **T**unnel-**B**ohr-**M**aschinen – TBM.

Die Erde gelangt über dieses Förderband in die Loren.

Dieses Förderband transportiert die Erde nach hinten aus dem Tunnel hinaus.

Sind alle Loren gefüllt, werden sie hinausgefahren und geleert.

Betonteile werden über Schienen transportiert und bilden die Tunnelwand.

Mini-Tunnel
Tunnel für Rohre und Abflüsse sind vergleichsweise klein. Zum Teil werden sie mit ferngesteuerten Bohrern angelegt, die von einer Kabine über der Erde bedient werden.

Kabine

Instrumente zeigen den Standort des Bohrers an.

Bedienungshebel für den Bohrer

ferngesteuerter Bohrer

Bohrinseln

Auf Bohrinseln wird unter dem Meer lagerndes Öl gefördert. Die Bohrgeräte befinden sich auf einer Plattform, deren Pfeiler auf dem Meeresboden stehen. Auch bei rauer See muss die Plattform stabil bleiben.

Landeplatz für Hubschrauber, die Arbeiter zur Plattform bringen oder dort abholen.

Die Wohncontainer liegen weit oben.

Die Arbeiter halten sich jeweils etwa zwei bis drei Wochen hier auf.

Plattform

Auf diesen langen Beinen ruht die Plattform.

Die Beine sind häufig über 200 m lang.

Die Plattform wird errichtet

So dringt kein Wasser ein.

1. Die Plattform wird in einem Trockendock gebaut. Die Schotten (Tore) sind geschlossen, um kein Wasser eindringen zu lassen.

Hohle Beine: Die Plattform schwimmt.

Schleppkähne

Schotten

2. Die Schotten werden geöffnet, damit Wasser in das Deck hineinfließen kann. Die Plattform wird auf See geschleppt.

Ventile

Meeresboden

3. In den Beinen der Plattform werden Ventile geöffnet, damit Wasser einfließen kann. Die Beine sinken auf den Meeresboden.

Metallrohr

Halterung

4. An jedem Bein werden in Halterungen Rohre befestigt. Sie reichen weit in den Meeresboden hinein und verankern die Plattform.

Wohncontainer

5. Kähne befördern den Aufbau und die Wohncontainer auf die Plattform. Mit einem Schwimmkran werden sie hinaufgehievt.

Kleines ABC der Baustoffe

Man nimmt an, dass schon die Ägypter für die Pyramiden Zement verwendet haben.

	Bezeichnung	Herkunft/Herstellung	Verwendungszweck
	Asphalt: schwarz; Gemisch aus Bitumen und Gestein	Wird hergestellt, indem zerkleinertes Gestein mit heißem Bitumen vermischt wird.	Dient als Belag für Straßen, da er eine sehr feste Schicht ergibt.
	Bitumen: zähe, klebrige, ölhaltige Masse	Ist in Schiefer enthalten oder wird aus Erdöl gewonnen.	Wird mit Kies vermischt und zu Asphalt für Straßen verarbeitet.
	Dachpappe: schwarzes, wasserdichtes Material	Wird hergestellt, indem Pappe mit Bitumen getränkt wird.	Verhindert, dass Feuchtigkeit in Wände dringt.
	Ziegelstein: sehr feste Form aus Tonerde	Tonerde wird zu Steinen geformt. Diese kommen in einen Brennofen, um sie zu härten.	Werden für den Bau von Wänden gebraucht. Als Bindemittel dient Mörtel.
	Zement: feiner Puder	Wird aus Kalk und Ton hergestellt. Diese Stoffe werden vermischt, gebrannt und härten dann.	Dient als Bindemittel von Sand und Steinen. Wird für Beton und Mörtel verwandt.
	Beton: künstlich hergestellter Stein	Wird hergestellt, indem Kies, Zement und Wasser vermischt werden. Bindet ab und wird dadurch hart.	Dient zur Errichtung verschiedener Bauten, wie Fundamente, Pfeiler, Wände und Brücken.

Die längste Mauer der Welt ist die Große Chinesische Mauer: 3460 km lang und zwischen 4,5 und 12 m hoch.

Früher nahm man statt Mörtel auch Bitumen, um Steine miteinander zu verbinden.

Bis er 1991 einstürzte, war der Rundfunk-Sendemast in Warschau das höchste Bauwerk der Welt. Er war 646 m hoch und bestand aus Stahl.

	Bezeichnung	**Herkunft / Herstellung**	**Verwendungszweck**
	Mörtel: sandige Masse, die sehr fest wird	Wird hergestellt, indem Sand, Zement und Wasser vermischt werden.	Wird zum Beispiel für die Errichtung von Steinbrücken verwandt.
	Gips: Masse, die hart und glatt wird, wenn sie trocknet	Findet sich in bestimmtem Gestein. Wird zu einem feinen Puder verarbeitet und dann mit Sand und Wasser vermischt.	Dient zum Verputzen von Stein- und Betonwänden.
	Gipsbauplatten: harte Platten	Wird hergestellt, indem Gips zwischen zwei Pappplatten gepresst wird.	Wird für Decken und teilweise auch für Innenwände benutzt.
	Stahlbeton: sehr stabiler Beton	Wird hergestellt, indem Beton mit Stahlgeflecht oder -stangen verstärkt wird.	Wird wegen seiner besonderen Festigkeit für nahezu jedes Bauwerk verwendet.
	Stahl: sehr hartes Metall	Wird hergestellt, indem Eisen in einem Brennofen erhitzt wird.	Stahlplatten werden miteinander verschweißt und für Brücken, Ölplattformen und Wolkenkratzer verwendet.
	Bauholz: von Rinde befreite Baumstämme	Bäume werden gefällt und zersägt, sodass man die gewünschten Bauteile erhält.	Wird für Fußboden und Dachgerüst gebraucht. Manche Gebäude bestehen auch ganz aus Holz.

Wusstest du, dass der größte Betonbau der Welt der Drei-Schluchten-Staudamm ist?

Ja, er enthält etwa 30 Millionen m³ Beton.

Wissenswertes und Rekorde

Häuser
In Frankreich hat man 21 Hütten – die ältesten Behausungen – entdeckt. Sie sind ungefähr 400 000 Jahre alt.
Das größte Privathaus steht in den USA. Es hat 250 Zimmer und einen Garten, der fast so groß ist wie sieben Fußballfelder.
Das kleinste Steinhaus steht in England, es ist nur 1,50 m lang, 1,20 m breit und 90 cm hoch.
Das Gebäude mit der größten Bodenfläche ist ein Blumenmarkt in Holland, so groß wie 50 Fußballfelder: fast 400 km².

Wolkenkratzer
Der erste Stahlgerüst-Wolkenkratzer, das Home Insurance Building, wurde 1885 in Chicago, USA, gebaut.
Die höchsten Wolkenkratzer sind:

Burij Dubai	818 m
Taipeh 101, Taiwan	508 m
Petronas-Zwillingstürme, Kuala Lumpur, Malaysia	451,9 m
Sears Tower, Chicago	443 m
Empire State Building, New York	381 m
Standard Oil Building, Chicago	346 m
John Hancock Center, Chicago	343 m
Chrysler Building, New York	319 m

Der Sears Tower hat 110 Stockwerke, 103 Aufzüge und 16 000 Fenster. Dort sind rund 17 000 Menschen beschäftigt – die Einwohner einer Kleinstadt.

Straßen
Das sind die Länder mit dem längsten Straßennetz:

USA	6 365 590 km
Kanada	3 002 000 km
Frankreich	1 502 000 km
Brasilien	1 411 936 km
Russland	1 408 800 km

Die Bundesrepublik verfügt über 489 000 km.
Die längste Landstraße der Welt ist 27 387 km lang und führt von Alaska nach Brasilien. Es ist der Pan American Highway.

Brücken
Die älteste Hängebrücke wurde um 400 nach Christus gebaut. Sie führte über den Indus.
Eine zweigeschossige Straßen-und Bahnbrücke verbindet die Inseln Honschu und Schikoku (Japan) miteinander. Die gesamte Hängelänge beträgt 3910 m.
Die meisten Brücken Europas hat Hamburg, nämlich über 2300. Sie führen über Wasser, Straßen und Schienen.

Tunnel
Der längste Tunnel ist der West-Delaware-Wasserversorgungskanal in New York. Er ist fast 169 km lang.

Bohrinseln
Die größte Ölförderanlage, die fast 493 m hoch ist, wird gerade im Golf von Mexiko gebaut. Derzeit ist die 385 m hohe Plattform „Cognac" noch die größte Anlage.

Staudämme
Der stärkste Damm ist der 245 m hohe Sajano-Schuschenskaja-Damm am Jenissej (Russland). Er hat ein Fassungsvermögen von 31,3 Mrd. m³ und hält einer Belastung von 18 Mio. t stand.

Register

A
Abfall 111
Abgase 12
Achse 10, 25
   Hinterachse 10, 11, 13
All 67–69, 122
Aluminium 201
Ameise 105
Angel-Fälle 81
Antrieb (antreiben) 10, 22–25, 30, 31,
   35, 43, 50, 56, 57, 63, 66, 68
   Allradantrieb 10
   Düsenantrieb 35
   Hinterradantrieb 10, 13
   Vorderradantrieb 10
Antriebswelle 10–13
Anziehungskraft 94, 136
Apollo 120, 121, 142
Äquator 74, 75, 90, 94, 100
Asphalt 219, 230
Asteroiden 149
Astronaut 118–123, 144, 145
Atmosphäre 68, 84, 85, 94, 147, 148
Atoll 82
Atom 202
Auftrieb (auftreiben) 29, 52, 64, 65
Auspuff 12, 19, 26
Auto 10–13
   Dragster 19
   Dünenflitzer 19
   Formel-1-Wagen 17
   Funny Cars 19
   Löschfahrzeug 26
   Stock Car 18

B
Bäcker, Bäckerei 164, 165
Banane 170, 171
Bauernhof 166, 174
Baum 98, 108, 109, 115, 186, 196
Baumwolle 186, 194, 195, 208
Bauplan 211

Beere 162, 171
Beiboot 34
Berge 75, 78, 79, 82, 93, 94, 148
Beton 210, 212, 213, 216, 217, 220–224,
   226, 227, 230, 231
Bimsstein 103
Bitumen 213, 230, 231
Bleistift 186, 206
Blitz 92, 98, 99, 150
Blüte 104, 106, 107, 109
Bohrinsel 187, 228, 229, 232
Breitengrad 94
Bremse 15, 17, 20
   Bremsbacken 15, 20
   Bremskabel 20
   Bremsklappen 51, 55
   Bremsklötze 15
   Bremsleitung 17
   Bremspedal 14, 15
   Scheibenbremsen 15, 23, 25
   Trommelbremsen 14
Brennkammer 56, 57, 68
Brennstoff siehe Treibstoff
Brot 164, 165, 184
Brücke 210, 211, 220–223, 232
Bugrad 51, 55
Butter 168, 184

C
Chemikalie 111, 187, 188, 195–197, 202, 203
Cockpit 51, 55, 66
Columbia 120
Container 40
Cornflakes 178, 184

D
Dachpappe 215, 230
Dampfboot (-schiffe) 30, 31
   -maschine 21, 30, 31, 63, 66
   -turbine 29, 31, 43, 45
Datumsgrenze 86

Deck 33, 46
Deimos 148
Delfin 83, 112
Delta 81, 111
Differenzial 11, 13
Dock siehe Pier
Donner 99
Doppeldecker 50, 66
Doppelruder 66
Dosen 163, 179, 187, 200, 201
Drachenflug 51, 65
Düsenflugzeug 56

E

Eagle 120
Ebbe 83, 94
Ei 167
Eigengewicht 52
Eindecker 67
Eis 79, 90–92, 148
Eisen 200, 201, 231
Eisenbahn siehe Zug
Eiszeit 78, 93
Elektrizität 23
Energie 187, 197, 201, 224
Erdachse 74, 86, 94, 129
Erdbeben 79, 82, 94
Erde 74–94, 100–102, 129, 130, 138
   -kern 76, 94, 102
   -kruste 76, 78, 92, 94, 102, 103
   -kugel 76, 88
   -mantel 76, 78, 79, 94, 102
   -oberfläche 74
   -umfang 75
Erdöl 77, 186, 187, 202, 228–230
Evolution 92
Exosphäre 85

F

Fahrgestell 10, 23, 25
Fahrrad 20
   Hochrad 20
   Laufrad 22
Fährschiff 28, 40
Fahrwerk 54

Fallschirm 65
Farbe 187, 193
Färbemittel 186, 188, 193, 196
Farbstoff 186
Federung 11, 21, 23
Fisch 163, 172, 173, 184
Fischerei-Boot 47
Flaschen 182, 187, 198, 199, 208
Fleisch 174, 175, 184
Flügel 31, 32, 35, 43, 51, 52, 55, 62, 64, 66
Flughafen 50, 58
Flugkapitän siehe Pilot
Fluglotsen 58, 59
Flugplan 59
Flugzeugträger 28
Fluss 79–81
Flut 83, 94
Fock 36
Frachtschiff 28, 40
Früchte siehe Obst
Fundament 213, 216

G

Galaxis 136, 158, 160
Gang 14, 15, 20
Gebirge 75, 78, 79, 91, 93, 94, 144
Geldscheine 197
Gemüse 170, 184
Generator 23
Gerüst 213–216, 223, 231
Gestein 74, 76–81, 84, 92, 94, 139, 148,
   151, 186, 187, 207, 210, 224, 225
Getränk 182–184
Getränkedose 187, 200, 201
Getreide 163, 164, 178
Getriebe 10, 14
Gewitter 98, 99
Geysir 81
Gezeiten 83, 94
Gips (-bauplatten) 190, 191, 214, 231
Glas 186, 187, 198, 199, 208
Gläser 215
Gleithang 81
Gletscher 78, 79
Glyzerin 204
Gondel 39

Grand-Prix-Rennen 16
Grieß 179
Großer Roter Fleck 151
Gussform 190, 191, 198

H

Hafer 164
Halbkugel 74, 88, 100
Halley'scher Komet 155
Halo 90
Haltbarmachen siehe Konservieren
Hängebrücke siehe Brücke
Hängegleiter 64
Haus (-bau) 210–217, 230, 231
Heck 19, 31, 34, 47
  -rotor 57, 61
Hefe 165
Heißluftballon 62
Helium 140
Hirse 164
Hochnebel 90
Hochofen siehe Ofen
Höhenleitwerk 51, 53
  -ruder 51, 53, 54
Holz 196, 197, 206, 208, 212, 214, 231
Horizont 79
Hubschrauber 50, 57, 60, 61, 70
Hülsenfrucht 170

I

Io 150
Ionosphäre 84, 85

J

Jahreszeit 101
Joghurt 167
Jumbojet 54, 57, 70
Jupiter 130, 138, 139, 149–152, 160

K

Kaffee 183, 184
Kakao 177
Kanu 39
Karosserie 10, 11
Käse 168, 169, 184
Katalysator 12
Katamaran 37
Kerosin 56, 57
Kiel 46
Kielschwert 36
Kies 212, 213, 230
Kilimandscharo 93
Kohle 77, 92, 202
Kohlendioxid 84, 108, 147, 148, 165
Kolben 12, 13, 22, 30, 35
Komet 154, 155, 160
Kommandokapsel 68
Kompressor 56, 57
Konservieren 163, 173
Kontinent 74
Korallen 82
Kraftstoff siehe Treibstoff
Krake 112
Krater 94, 144, 146, 148, 155
Kühler 10, 12, 13
Küste 78, 93
Kunstfaser 203, 208
Kunststoff 186–189, 202, 203, 207, 208, 213
Kupplung 10, 14, 15
Kurbelwelle 12, 30, 31, 35

L

Lachs 172
Landsat 128
Landung (landen) 51, 55, 58–62, 65, 69, 71, 119
Längengrad 94
Lava 78, 94
Leder 186, 188, 189
LEGO-Steine 202, 203
Lenkrad 11, 15
Leuchtende Nachtwolken 84
Licht 25, 97, 107, 108, 113
Lichtjahr 156, 159, 160
Lokomotive 24–35
  Dampflokomotive 22
  Diesellokomotive 23
  Elektrolokomotive 23, 24, 25
Lotsenboot 34

Luft (-strömung) 51, 55, 59, 60, 62, 65, 69, 84, 90, 91, 118, 122, 132, 133, 145–147
Luftkissenfahrzeug 28, 42
Luftschiff 51, 63, 70
Luftwiderstand 17, 21, 52

M

Mäander 80
Magma 102, 103
Mais 170, 178
Marianengraben 83
Mariner 131
Mars 130, 131, 133, 138, 148, 149, 154, 160
Mast 36, 37
Mauna Kea 83
Meer 74, 80–84, 90, 93, 172, 186, 228
Merkur 138, 139, 146
Mesosphäre 84
Metall 186, 197, 215
Meteor 154, 155, 160
Meteorit 84, 154, 155, 160
Mikroskop 112
Milch 166, 169, 184
Milchstraße 158–160
Molekül 202, 204
Molke, Molkerei 166, 169
Mond 75, 87, 94, 120, 121, 130, 132, 133, 136, 138, 142–146, 148, 151, 156, 160
   -beben 144
   -fähre 120, 121, 144
   -phasen 143
Monomere 202
Mörtel 213, 231
Motorboot 28, 34, 35
Motoren 10, 12–15, 17–19, 21, 23, 25, 29, 45, 50, 56, 64, 70
   Außenborder 34
   Benzinmotor 12
   Dieselmotor 12, 22, 29, 30, 34, 35, 44
   Elektromotor 22, 44
   Innenborder 34
   wassergekühlter Motor 13
Motorflugzeug 64, 66
Motorrad 21,
   Seitenwagen 21

Motorsport 11–19, 21
   Dragster-Rennen 19
   Funny-Car-Rennen 19
   Geländerennen 21
   Motorrad-Dragster 21
   Motorrad-Straßenrennen 21
   Rallye-Sport 19
   Seitenwagen-Rennen 21
   Sprint-Rennen 21
   Stock-Car-Rennen 18
Mount Everest 83
Müsli 178, 184

N

Nacht 86, 88, 100, 139, 144, 152, 154
Neptun 139, 140, 152, 153
Neutronenstern 157
Nordpol 74, 75, 88, 90, 94
Nordpolarmeer 82

O

Obst 163, 170, 171, 184
Ofen 164, 165, 175, 178, 190, 198, 199, 201, 202, 206, 207
Öl siehe Pflanzenöl und Erdöl
Olympus Mons 149
Orkan 92
Ozean 74, 82, 83

P

Paddel 29, 38
Pangaea 92
Papier 187, 196, 197, 208
Passagierschiff 32
Pasteurisieren 166
Pazifischer Ozean 83
Pedale 20
Periskop 44
Persischer Golf 82
Pflanzen 145, 162, 170, 180, 186, 207
   -öl 169, 186, 207
Phobos 148
Pier 41
Pilot 55, 59, 66, 71

Planet 74, 75, 94, 130, 131, 133, 134,
   136, 138–141, 146–148, 150–153,
   155, 160
Planetoiden 138, 149, 160
Plankton 112
Plateau 79
Plattform 222, 223, 228, 229, 231
Pluto 139, 153, 156
Polarlicht 85
Pole 74, 75, 90, 148
Polymere 202
Propeller 56, 57, 63, 66
Protuberanz 141

Q
Queen Elizabeth 33
Quelle 80, 81
Querruder 51, 53, 55

R
Rad
   Laufrad 22
   Treibrad 22
   Zahnrad 13, 14, 20
Radarsignal 41, 44
Rahm 166, 168
Rakete 50, 68, 69, 118–120, 124, 133, 136
Raumanzug 123–125, 136
Raumfähre 123–125, 136
Raumfahrt 68, 69
Raumschiff 67–69, 118–124, 126,
   128, 130, 132–134, 136, 146, 153
Raumsonde 130, 131, 136, 148, 149
Raureif 91
Recycling siehe Wiederverwertung
Regen 79, 80, 90, 91, 93, 96, 105, 106,
   110, 111, 145, 163
   -bogen 85, 91, 97
Reis 163, 180, 181, 184
Riemen 29, 38, 39
Riff 82
Roggen 164
Rollbahn 59
Rotationszeit 160
Roter Riese 157

Rotor 57, 60
   -blätter 60
   -kopf 60
Ruder 44, 45, 51, 53–55, 66
   -blatt 36, 39
   -boot 38
   -spinne 36
Rumpf 29, 37, 43, 44, 46, 54, 64

S
Sahara 77
Sahne 166
Salz 82
Samen 105–107, 109, 162, 170, 194
Sand 186, 212, 213, 231
Satellit 33, 44, 51, 69, 125, 128, 129, 132, 136
Sauerstoff 83, 84, 93, 118
Schatten 87
Schaufelrad 30, 31
Schienen 22–24
Schiffsschraube 31, 32, 34, 35, 45
Schlepper 41
Schlucht 79, 81, 144, 147, 148
Schmelzofen siehe Ofen
Schnecke 105, 107
Schnee 90, 91
Schokolade 176, 177, 184
Schubdüse 56, 57
Schubkraft 52, 61
Schuh 188, 189, 208
Schwarzes Loch 157
Schwerelosigkeit 126, 127
Schwerkraft 94, 118, 126,
   132, 133, 145
See 81
Seebeben 82
Seemeile 32
See-Rettungsfahrzeug 28
Segelflugzeug 50, 64
Segelschiff 28, 36, 37, 41
   Dreimastschiff 37
   Klipper 37
Seide 195, 208
Seife 204, 205
Seitenruder 51, 53, 54, 64, 66
Signale 25

Skylab 141
Sonargerät 44, 45
Sonne 74, 79, 80, 84–91, 93, 94, 97, 100,
  101, 105, 122, 131, 136, 138–141, 143,
  144, 146, 147, 149, 150, 152, 153,
  155–158, 160
Sonnenfleck 141, 160
Sonnenkollektoren 128, 132, 136
Sonnensystem 74, 94, 134, 136,
  138–140, 147, 150, 153–155
Spaceshuttle 69, 123, 136
Spoiler 17–19
Stahl 200, 201, 208, 210, 216, 220–223, 231
Staken 29, 39
Stalagmiten 77
Stalaktiten 77
Start (starten) 51, 59–61
Staubecken 110
Staudamm 224, 231, 232
Steine siehe Gestein und Ziegelsteine
Stern 74, 85, 87, 134, 135, 140, 156–158,
  160
Steuerung (steuern) 53, 60, 62, 65, 66
Stocherkahn 39
Strahlströme 85
Straße (-nbau) 210, 211, 218, 219,
  222, 223, 230, 232
Stratosphäre 84
Stufe (Rakete) 68
Südpol 74, 75, 88, 94
Sumpf 92, 93
Supernova 157, 160
Synthetikfaser 192, 203

T

Tal 78, 81, 82
Tag 86, 88, 100, 139, 144, 146–148,
  152, 160
Takelung 36
Tanker 41
Tau 91
Taucher 208
Tauchzelle 44, 45
Tee 183, 184
Thermospähre 84
Tierhaut 186, 188

Ton 186, 190, 191, 208, 230
Töpferscheibe 191
Tornado 92
Totes Meer 83
Tragfläche siehe Flügel
Tragflächenleitwerk 53
Tragflügelboot 43
Trawler siehe Fischerei-Boot
Treibrad 22
Treibstoff 54, 55, 57, 68, 118
  -tank 55, 63, 68, 118
Treppe 214, 215
Triebwerk 50, 53, 54, 56, 57, 61, 68
Trimaran 37
Triton 140
Tropen 75
Troposphäre 84
Tsunami 82
Tunnel 226, 227, 232
Turbine 29, 31, 32, 50, 56, 57
  -raum 32
  -welle 31, 57

U

U-Boot 28, 29, 44, 45
Uhrzeit 86
Umlaufbahn 69, 94, 119, 125,
  136, 143, 153, 160
Umlaufzeit 138, 150, 153, 160
Universum 159, 160
Untergrundbahn 23
Uranus 151–153
Urwald 75

V

Vegetarier 175
Ventil 30, 35
Venus 138, 147
Verena 131
Vergaser 12
Verkehrsflugzeug 50, 54, 70, 72
Viking 130, 131, 148
Vorfeld 58
Voyager 130, 131, 153
Vulkan 78, 94, 102, 103, 144, 147–150

W

Wal 112
Wasser 80, 90, 93, 144–146, 148,
    149, 163–165, 167, 169, 172, 176,
    179, 180, 182, 187, 188, 196, 204,
    206, 208, 212, 215, 220–231
  -fall 80, 81
  -flugzeug 66
  -kraftwerk 224
  -stoff 63, 140, 150–153
Weben 193, 203
Weißer Zwerg 157
Weizen 163, 164, 179
Wellen 78, 83
Weltraum 85, 136, 158–160
Wetter 84, 90, 128
Widerlager 220, 223
Wiederverwertung 187, 197, 199
Wind 64, 79, 84, 90, 106,
    109, 145, 147, 148, 150
Wirbelsturm 92, 148
Wolken 80, 84, 96, 98, 147, 150
Wolkenkratzer 211, 216, 217, 231, 232
Wolle 186, 192, 193, 208
Wüste 74, 77, 92, 148

XYZ

Zahnpasta 207
Zeitzonen 94
Zement 212, 230
Zentrifuge 166, 176, 177, 204
Zeppelin 63, 70
Ziegelsteine 208, 212, 215, 230
Zimmermann 210
Zug 22–25
    Intercity-Express (ICE) 23
    Schnellzug 24
Zucker 176, 178, 182, 184
  -rohr 176
  -rübe 176
Zyklon 92
Zylinder 12, 13, 22, 35

®LEGO ist ein eingetragenes Warenzeichen
der Firma LEGO und darf hier mit ausdrücklicher
Genehmigung der Firma LEGO verwendet
werden.

Ravensburger Bücher Unsere Empfehlung

Wissen mit Spaß bei Ravensburger!

Alles was ich wissen will 2

Alles Wissenswerte über Tiere und Pflanzen.

ISBN 978-3-473-**55264**-1

Weltall

Alles über Sterne und Planeten, das Sonnensystem und die Erforschung des Alls. Ein attraktives Wissens-Spiel-Buch mit vielen Pop-ups, Klappen, Drehscheiben und Seiten zum Ausklappen!

ISBN 978-3-473-**55232**-0

Der große Ravensburger Weltatlas

Der Atlas des 21. Jahrhunderts für Kinder stellt mit hochwertigster Kartographie alle Kontinente und Länder der Erde vor. Über 100 Karten, 1.300 Abbildungen, 9.000 Suchbegriffe.

ISBN 978-3-473-**55224**-5

Das Ravensburger Schülerlexikon

Das moderne Wissen der Welt in 11 Sachgebieten zum schnellen Nachschlagen. Über 15.000 Abbildungen, ca. 50.000 Fakten.

ISBN 978-3-473-**55073**-9

www.ravensburger.de